Hermana María Antonia

EN ALAS
DE MI ÁNGEL

La historia real de una niña
y su ángel de la guarda

DIDACBOOK
editorial

Título original: *Cecy Cony: Devo Narrar Minha Vida,* original portugués.

Under Angel Wings. The True Story of a Young Girl and Her Guardian Angel, versión inglesa.

Imprimátur de la versión inglesa: John J. Dauenhauer. Administrador de la diócesis de Paterson, New Jersey. 21 de abril de 1953.

© Didacbook, 2023
Sagasta, 6
23400 – Úbeda (Jaén)
www.didacbook.com

Edición a cargo de Ricardo Regidor

Traducción: Álvaro Hernández Barral

Diseño de portada y maquetación: José María Vizcaíno.

ISBN: 978-84-17855-32-1

Depósito Legal: J-247-2024

Índice

He aquí, yo enviaré un ángel delante de ti, para que te guarde en el camino y te traiga al lugar que yo he preparado.
Éxodo 23, 20-22

Guardaos de despreciar a uno de estos pequeños, porque os digo que sus ángeles en los cielos están viendo siempre el rostro de mi Padre que está en los cielos.
Mateo 18, 10

La hermana Maria Antonia (Cecy Cony), 1900-1939

Prefacio

La hermana María Antonia era hija de Joao Ludgero de Aguiar Cony, capitán del ejército brasileño, y de Antonia Soares Cony. Nació en el año 1900 y la bautizaron con el nombre de Cecy, que probablemente proviene de Cecilia. Entre sus amigos y familiares era conocida por el sobrenombre de Dédé.

Esta autobiografía se publicó por primera vez en el año 1949 en la editorial franciscana de Petropolis, Brasil. Tuvo tanto éxito que la primera edición se agotó pronto y se realizó una segunda en 1950. La preparó el padre Juan Bautista Reus, S.J., que había sido el director espiritual de la hermana María Antonia en los últimos años de su vida. En la introducción de su libro original escribió:

Obligada por la obediencia, la hermana María Antonia escribió los recuerdos de su vida con una cierta repugnancia y después de pedir ayuda al Señor. Según terminaba cada uno de los seis cuadernos en los que escribió su autobiografía se los daba a sus superiores y no volvió a preguntar nada más de ellos. Murió antes de poder acabar su autobiografía, en la que describe su vida solo hasta los veintiún años. La hermana María Antonia pudo aparecer ante nuestro Señor con toda la radiante belleza de su inocencia bautismal.

El manuscrito fue leído por varias personas, que lo encontraron tan atractivo que pensaron que había que publicarlo para que pudiera ayudar a otras personas. Los hechos que se narran en este libro son dignos de confianza, como podrá entender toda persona devota versada en este tipo de hechos. La hermana María Antonia era una mujer inteligente y bien educada. En el colegio, siempre era la primera o la segunda de la clase. Y en el ejercicio de su profesión, sus superioras afirman que era una profesora excelente.

Humilde, especialmente sincera e inocente, nunca dijo una mentira en su vida. Nunca ofendió de manera deliberada a su Divina Majestad. Esto nos da la claves para juzgar de manera acertada alguna faltas externas que pueden haber visto ciertas personas. Era incapaz de inventarse ningún suceso místico. Y no podía haber conocido, ni a través de la lectura ni de ningún otro modo, los fenómenos sobrenaturales que narra tan detalladamente. Cuando, al final de su vida, se dio cuenta de que había almas que nunca habían experimentado la presencia sensible de nuestro Señor en la Sagrada Comunión, preguntó con sorpresa: "¿Ni si quiera en el día de su primera Comunión?". Cuando recibió una respuesta negativa, comenzó a llorar amargamente exclamando: "Esas almas no ha llegado a conocer a nuestro Señor en esta vida".

El padre Francis X. Zartmann, S.J., tenía una profunda admiración por la vida de la hermana María Antonia. Su opinión es de gran valor para nosotros, porque fue durante muchos años el provincial jesuita de la zona del sudeste de Brasil. Había sido director de sacerdotes jesuitas durante su tercera probación; era un director espiritual con mucha experiencia que había impartido retiros a sacerdotes y religiosos, un hombre juicioso y calmado, una persona que había estudiado a fondo los fenómenos místicos.

Fue necesario omitir ciertos pasajes del manuscrito que se referían a la vida interior de personas a las que podía identificarse fácilmente. Las noticias de su vida en el convento nos han llegado de las hermanas que disfrutaron de la amistad y de la confianza de la hermana María Antonia.

Su Excelencia, Dom Frei Henrique Golland Trindade, O.F.M., obispo de Botucatú, escribió el prefacio a la versión original portuguesa, en el que escribe. Dom Frei Henrique fue un famoso predicador y autor de varios libros de lectura espiritual:

Junto a la familiaridad que esta hermana franciscana disfrutó con su ángel de la guarda, la impresión más profunda que hemos recibido de la lectura de su autobiografía es la simplicidad y la ingenuidad de la narración. Para nosotros, esta es una de las pruebas de su veracidad. Eso no se puede imitar. Está escrito con el lenguaje de las *Fioretti* de san Francisco. Es como un arroyo humilde y sin pretensiones que corre a través de los campos y de los bosques.

¡Qué maravillo es leer páginas como estas, capaces de elevar nuestra vida espiritual, tan débil y tan terrena! Debemos convencernos de que nuestro Señor sigue siendo generoso al repartir sus dones, que no ha cerrado aún sus santas manos y su corazón. Aún busca almas que le escuchen. Aún es el eterno Mendigo, que llama, y llama, a la puerta de nuestros corazones, con su pelo húmedo por el rocío de las largas noches al raso, cuando ha sido rechazado por sus criaturas que no quieren amarle, que no le quieren. Pero él sigue llamando y esperando.

No solo en los conventos, sino en cualquier lugar en el que moran los hombres, Él nos llama: en nuestros hogares, en las fábricas, en la universidad, en las empresas. En cualquier lugar puede haber almas que vivan una vida verdaderamente mística en íntima unión con nuestro Señor. Por citar algunos ejemplos: madres y esposas como Anna Maria Taigi y Elizabeth Leseur; trabajadores como Matt Talbot; profesores universitarios como Contardo Ferrini; empresarios como Marie Guyard, antes de entrar en las ursulinas; costureras como Marie Eustelle…

Ahora, la hermana María Antonia ocupa un lugar en las filas de estas, y muchas otras, almas. Profesora, hermana franciscana, nativa del estado de Rio Grande do Sul, ella ha vivido en nuestra época. ¡Alegrémonos! Y convenzámonos de que la vida mística, con todas sus gracias, nos rodea por todas partes. ¡Solo tenemos que dejar que nuestras almas sean puras, humildes y recogidas! ¡Abramos la puerta de nuestra alma a las llamadas del divino amor, y nuestro Divino Maestro y su Esposa entrarán y cenarán con nosotros! Entonces, el Padre, el Verbo y el Espíritu Santo harán su morada en nuestras almas.

Este mundo, cargado y saturado de crímenes y pecados, yace hundido en un tremendo abismo. Solo las almas místicas, almas pegadas a la Cruz, almas encendidas de amor divino, pueden servir de contrapeso a la justicia divina. El mundo, orgulloso de sí mismo y aferrado a sus prejuicios, se ciega a sí mismo en un laberinto de complicaciones. Solo la simplicidad del evangelio, el caminito de infancia espiritual que nos enseñó santa Teresita de Lisieux y que practicó la hermana María Antonia, puede salvar el mundo. Demonios visibles e invisibles llenas las ciudades y el campo, los hogares y las escuelas, los talleres y las mansiones. Solo los ángeles de Dios, tan ignorados y olvidados, pueden triunfar sobre ellos.

Esta parece ser la misión de la hermana María Antonia, que se despliega en tres aspectos: primero, animarnos a entrar sin miedo en la vía mística de la oración y la autoinmolación, pues solo así llegaremos a conocer y a disfrutar de Dios; segundo, enseñarnos la simplicidad de la fe; y tercero, despertar en nuestros corazones un gran amor por nuestros amigos invisibles, los ángeles de la guarda.

Agradezcamos a Dios la vida de esta alma inocente, sujeta a todas las malas influencias de su siglo, pero que, como el joven Tobías, fue guiada por el ángel del Señor para pasar segura y sin daño por todas ellas. Y volvamos nuestros ojos a los muchos beneficios que cada uno recibimos cada día de nuestro propio ángel custodio. Demos las gracias con sinceridad a estos grandes e invisibles amigos nuestros, que nos protegen y nos dirigen hacia Dios.

* * *

Nota del editor: La hermana María Antonia no identificó a algunas de sus compañeras o amigas que aparecen en la historia de su vida. Los nombres que aparecen han sido añadidos por el traductor, en la versión inglesa, para una mejor lectura. Son los siguientes: Lucy, en el capítulo 6; Laila, en el capítulo 5; Inácia, en el capítulo 6; Zita, en el capítulo 8; dona Nayá, en el capítulo 11; Alice, en los capítulos 16 y 19; Elena, en el capítulo 19; Sarah, en el capítulo 22. Salvo estos, el resto de los nombres de las personas que aparecen son los que escribió la autora en su manuscrito original.

1. Mi Padre del Cielo[1]

Mi buen Jesús, yo quiero cumplir tu santa Voluntad. ¡Que yo, la más pequeña de todas tus criaturas, glorifique tu nombre! ¡Que el recordar todo lo que tú has hecho por mí, oh Dios mío, me lleve a amarte todavía más! Debo contar todo lo que recuerde de mi vida y lo escribiré según me venga del corazón.

Pienso en mi vida como en dos cuerdas que se entrelazan: una, la gracia divina, y la otra, la miseria de la criatura. Nací el 4 de abril de 1900, y los primeros recuerdos de mi infancia son de cuando tenía cuatro años. Recuerdo muy bien la ciudad en la que nací, Santa Vitória do Palmar, y sus extensos palmerales. También me acuerdo de mi casa y de los chicos con los que jugaba. Mi memoria me lleva incluso a la tarde del 2 de febrero de 1904, cuando, mientras jugaba sentada en los escalones que bajaban al patio con un pequeño oso de peluche, oí que mi padre me llamaba: "Dédé, ven a ver al bebé que hemos encontrado en el cesto que la cigüeña le ha traído a mamá". Era mi hermano Jandir.

También me acuerdo de que incluso a esa edad ya tenía alguna idea sobre el buen Dios. Recuerdo el crucifijo en su pedestal, que siempre estaba encima de la cómoda. Para poder verlo tenía que levantarme en brazos Acácia, la buena niñera que me cuidó hasta que tuve diez u once años. Del mismo modo, me

---

acuerdo también de un gran cuadro que representaba a la Santísima Trinidad, al igual que de la pila de agua bendita en honor a la Inmaculada Concepción. Eso es todo.

Yo conocía al buen Dios por el nombre de "Padre del Cielo", y me acuerdo de que fue mi propio padre quien me habló de mi Padre celestial.

Mi Padre celestial está contento

Un día había una gran tormenta y papá estaba sentado cómodamente en su sillón leyendo algo. Los truenos y los relámpagos se sucedían unos a otros. Asustada, fui corriendo a los brazos protectores de papá, escondiéndome entre sus rodillas. Entonces papá me dijo: "¿Estás escuchando? Es nuestro Padre del Cielo, enfadado con los niños y con los mayores que no quieren ser buenos. Pero cuando los niños pequeños son buenos, nuestro Padre celestial está muy contento y nos manda el sol para que brille".

Así fue como llegué a la idea del buen Dios. Y desde ese día hasta que tuve seis años, tan pronto como me despertaba cada mañana lo primero que hacía era comprobar si el sol brillaba o si estaba lloviendo. Si llovía, pero no había truenos, entonces me imaginaba que mi Padre celestial estaba triste por mi causa, pero no enfadado. Y casi siempre, si no siempre, descubría en mí algún motivo que le había causado esa tristeza. Quizá era porque no había dejado que Acácia me rizara el pelo o porque le había llamado fea. O porque me había enfadado y llorado porque quería ver cómo el soldado[2] daba un baño a Congo, el enorme caballo sobre el que cabalgaba mi padre. O porque fingiendo comer, había tirado la comida al suelo. El día después de enfadarme y tirar la comida al suelo se puso a llover y a tronar.

---

[2] El padre de Cecy era capitán del ejército brasileño. Aquel soldado se encontraba al servicio de la familia Cony.

Pero después de esas rabietas siempre me enfadaba conmigo misma por haber ofendido al buen Dios. Entonces, me iba corriendo a la habitación de mi madre y, mirando fijamente al gran cuadro que representaba al Padre eterno con una barba blanca, me fijaba en su rostro sagrado para saber si estaba aún triste o enfadado conmigo. Pero nunca, nunca, durante los tres años en los que acostumbraba a hacer eso, vi el rostro del Padre celestial enfadado.

Fue entonces cuando comencé a querer al buen Dios y a desear agradarle, pensando para mí misma: "Mi Padre celestial es muy bueno y quiere darme cosas buenas. Cuando soy mala, a Él no le gusta; pero cuando le digo que no volveré a portarme mal nunca más, entonces mi Padre celestial vuelve a ser mi amigo".

No le hablé a nadie de esta costumbre. En muy pocas ocasiones escuché a alguien hablar de Dios. Yo no supe rezar hasta que tuve cinco años, y lo aprendí en el colegio. Sin embargo, yo sabía que el buen Dios vivía en el cielo y que todo lo bueno y hermoso había sido hecho por Él.

El crucificado y su santa Madre

Hasta aquel momento solo conocía al Padre del Cielo, que tenía una larga barba blanca como el algodón. No había oído a nadie hablar de lo que significaba el crucifijo que había sobre la cómoda. En mi ignorancia, no me gustaba mirarlo porque sentía cierto horror y pena por "aquel hombre" al que no conocía.

En aquella época (1904), residía en Santa Vitória la familia Reis. La señora Glória Reis, el último miembro vivo de la familia en la actualidad, había abierto una escuela privada. A mis hermanas mayores las apuntaron en aquella escuela, y este fue el comienzo de una gran amistad entre mis padres y la familia Reis. Un día, doña Mimosa Reis, madre de doña Gloria, vino de visita a nuestra casa. Mi hermano pequeño, Jandir, que tenía

EN ALAS DE MI ÁNGEL

solo unos pocos meses, estaba enfermo; y por eso llevaron a doña Mimosa a la habitación de mamá. Me agradaba mucho aquella señora. Tan pronto como sabía que estaba en casa, iba corriendo a donde estuviera y me quedaba con ella todo el tiempo hasta que se iba. Y eso mismo sucedió aquel día. Al escuchar su voz, fui corriendo hacia ella y, apoyándome en sus rodillas, me quedé allí.

Doña Mimosa estaba sentada enfrente de la gran cómoda en la que podía verse, en el centro, el crucifijo negro con el cuerpo blanco de Cristo. Levantándose y llevándome en brazos se dirigió hacia la cómoda. Tomó el crucifijo y me preguntó: "Dédé, ¿sabes quién es?". Yo no sabía la respuesta. Entonces, tomó la pila de agua bendita que representaba a la Inmaculada Concepción y repitió la pregunta, y de nuevo no supe responder. Pero cuando señaló al cuadro de la Santísima Trinidad, ah, entonces sí conocía la respuesta: ¡Sí, era el Padre celestial, al que quería tanto! Recuerdo perfectamente, como si fuera hoy, la primera sencilla lección que recibí a mis cuatro años de aquella buena y piadosa señora, cuyo recuerdo jamás se ha borrado de mi memoria. ¡Que Dios le conceda la justa recompensa por todo el bien que hizo a mi alma!

Cuando le dije que el Padre eterno era el Padre celestial, doña Mimosa señaló al crucifijo y dijo: "Él también vive en el cielo. Es el Hijo de nuestro buen Padre celestial. Tú te llamas Cecy y Él se llama Jesús. Jesús vive en el cielo, un lugar muy hermoso creado por Él. Y nuestro Padre celestial hizo todo lo que hay en la tierra, donde Dédé vive, para todos los que vivimos aquí. Y el Padre celestial dijo: "A los que se porten bien les llevaré a mi hermoso Cielo para que vivan conmigo". Pero la mayoría de las personas no quisieron ser buenas; y en vez de ir al hermoso Cielo tuvieron que ser castigadas por sus pecados en las profundidades de la tierra, a un lugar lleno de fuego donde vive el diablo maldito. Pero a nuestro Padre celestial, que es tan bueno, le dio pena esa gente malvada. Así que envió a su Hijo, Jesús, para que viviera en la tierra y le dijera a toda esa gente que fuera buena y que hiciera lo que su Padre del Cielo quería para ellos. Pero a muchos no les gustaba el buen Jesús: le golpearon; se burlaron de Él, y mandaron soldados para que lo capturaran. Entonces, hicieron una cruz como esta, pero mucho más grande. Y con un gran martillo y unos clavos muy largos, clavaron al buen Jesús a la gran cruz. Jesús murió. Después, volvió a vivir y volvió al Cielo. Pero Jesús es tan bueno y Él amaba tanto a esas malas personas que les dijo: "¡No os portéis mal! Me llevaré a todos, incluso a las niñas como Cecy que quieren ser buenas, al hermoso Cielo, lleno de ángeles que vuelan como mariposas".

Y tomando la pila de agua bendita, doña Mimosa continuó su lección diciendo: "Esta mujer tan hermosa es la Madre del buen Jesús. Es tan buena como su Hijo, y se fue al Cielo con Él". Aquí se acabó la lección, una lección muy importante, que se grabó profundamente en mi alma infantil y me sirvió de guía durante tres años.

El primer gran dolor de mi alma

Cuando doña Mimosa, todavía llevándome en brazos, quiso volver al lugar donde se sentaba, le abracé el cuello y me puse a llorar sin consuelo. Mamá y doña Mimosa estaban asustadas, pues no sabían la causa de mis lágrimas. Entonces vino Acácia y me llevó a ver a Congo, el enorme caballo que tanto me gustaba.

Este fue el primer gran dolor de mi alma durante mi infancia. Sentía un gran pesar por mi buen Padre del Cielo, al que quería mucho más desde aquel día y a quien siempre deseaba agradar, incluso aunque cometiera millares y millares de faltas, porque ninguna de esas faltas era voluntaria, especialmente desde que recibí aquella piadosa lección.

Desde aquel momento, me sentía fuertemente atraída e influida por el "pobre Jesús", clavado en aquella negra cruz. Ahora amaba a Dios mucho más. Muchas veces durante al día, especialmente cuando empezaba a oscurecer, me plantaba junto a aquella cómoda para que Jesús no estuviera solo y para que no tuviera miedo de los soldados que le trataban tan cruelmente.

Acácia a menudo me sacaba de ahí, sorprendida por mi atracción hacia la cómoda, pues no conocía la verdadera causa. Esa cómoda me atraía a pesar del gran terror que me llenaba cuando la habitación se quedaba oscura y silenciosa (a aquella hora todo el mundo solía estar fuera, en la veranda). En una ocasión, que debo explicar, fui injustamente acusada por estar en mi sitio favorito.

Atracción por la cómoda

En 1905 mi padre viajó a Río de Janeiro. A su vuelta trajo unas grandes cajas de fruta escarchada. ¡Cómo me gustaba co-mérmelas cuando me sentaba en el columpio! En él recibía de mi padre un gran plátano cubierto de azúcar, o quizá un gran gajo de naranja. Cuando una fruta me gustaba más que las otras o cuando encontraba un nuevo tipo de fruta, pensaba en mi inocencia que era mi Madre del Cielo quien las había hecho y las enviaba a los niños de la tierra con la ayuda de los ángeles hermosos, que podían volar como mariposas. (En casa del capi-tán Bezerra[3] había visto un cuadro que mostraba un ángel de la guarda con dos niños pequeños).

Mi madre guardaba estas cajas de fruta encima de aquella gran cómoda. Antes de que mi padre nos las trajera a la vuelta de su viaje, yo ya acostumbraba a acercar junto a la cómoda la silla alta que solía usar en las comidas y que se hallaba normal-mente en la habitación junto al dormitorio de mamá. Podía así subirme a la silla y ver más de cerca las manos y los pies de Je-sús, con aquellos grandes clavos que le causaban tanto dolor. Por eso, una tarde, cuando empezaba a oscurecer, empecé a su-

[3] Aparentemente, un amigo de la familia.

birme a la silla, como era mi costumbre, sin ni siquiera pensar en las cajas de fruta. Justo en ese momento entró Acácia en la habitación y, al verme, se puso furiosa. Me cogió con una mano y con la otra cogió la silla, y me llevó a mi padre, al mismo tiempo que me decía: "Pequeña glotona, ¡ibas a coger alguna fruta y después a Conçeiçao (la otra criada) o a mí nos echarían la culpa! ¡Ya te enseñare yo!".

Mi padre me miró compungido y dijo: "Ahora me entero de que mi niña es como los ratoncitos, que les encanta llevarse lo que puedan encontrar". No pude decir ni una palabra. Hasta aquel momento no había conocido lo que era una mentira o una injusticia, y mi limitada inteligencia no podía concebir cómo Acácia podía acusarme de algo que yo no había hecho. Por supuesto, ella había sido engañada por las apariencias. Poco después, sin embargo, me olvidé de este incidente y continué haciendo guardia fielmente ante el Crucificado, al que nunca olvidaba, incluso en medio de mis juegos.

¡Cuántas veces me escondía detrás de la puerta y lloraba desconsolada, de la pena que sentía por Jesús clavado en aquella gran cruz en la que murió! Mis padres solían hacer visitas en el verano, y casi siempre los niños le acompañábamos. Sin embargo, nunca me sentía a gusto visitando a otros, aunque generalmente hubiera otros niños para jugar con ellos. En mi cabeza estaba siempre presente la imagen de Jesús solo, seguramente lleno de miedo ante la crueldad de aquellos soldados.

El ángel

Era el año 1905 y el carnaval se aproximaba. En esa fiesta mamá nos disfrazaba y, acompañados por Acácia y Conçeiçao, mis hermanas y yo íbamos a la plaza del pueblo con los otros niños. Me daban mucho miedo los que se disfrazaban con aquellas máscaras horribles. Pensaba que las máscaras eran caras reales y creía que esas personas eran seres sobrenaturales que vivían en las profundidades de la tierra, rodeados de fuego, en aquel sitio del que doña Mimosa había hablado.

Pienso que este era el primer año que acompañaba a mis hermanas. Todo el caos y el ruido de la plaza me asustaban. Las multitud de enmascarados, grandes y pequeños, saltando de un lado para otro y golpeando el suelo con esos grandes globos atados al final de un palo... todo esto me llenaba de tal terror que habría muerto si el buen Dios no hubiese venido en mi ayuda. Estaba con los otros niños, que parecían divertirse; y Acácia y Conçeiçao, que charlaban con los otros criados, no me estaban prestando atención.

De esta manera, aterrorizada y sin nadie que me consolara, se me ocurrió salir de ahí y volver a casa. No sabía cómo, pero decidí salir por el portón grande. Eso era todo lo que sabía. No pensaba en nada más. Dejé el grupo de los niños e inmediatamente fui engullida por aquella pequeña plaza, que para mí era como un mundo sin límites. No lloraba. El terror había congelado mis lágrimas.

En mi angustia, me acordé del buen Jesús, al que había dejado solo, y sentí una gran pena por no habérmelo traído conmigo. Pero sabía que mi Padre del Cielo lo conoce todo, y estaba segura de que me estaba viendo allí sola. Justo entonces, un hombretón que llevaba una máscara horrible y con unos ojos centelleantes que todavía veo en mi imaginación, se aproximó y me cogió de la mano. En ese momento podría haber muerto de miedo.

Había dado algunos pasos, aprisionada por su inmensa mano, cuando sentí, a mi lado, aun sin ver nada —sabía que estaba ahí tan ciertamente como que el hombretón enmascarado estaba al otro lado—, al ángel que había visto en el cuadro de la casa del capitán Bezerra. Mi Padre del Cielo había enviado este ángel para acompañarme y llevarme a casa. Era consciente de su presencia sin verlo, aunque era como si lo hubiese visto. Tenía la absoluta certeza de que estaba a mi lado, en el lado opuesto al hombre enmascarado. Entonces aquel hombre me soltó con un empujón y no le vi nunca más. Desapareció entre la multitud.

Mi terror se desvaneció y mi alma quedó llena de una dulce tranquilidad, que provenía de la confianza que sentía en mi "nuevo Amigo". Ya divisaba la puerta de salida de la plaza cuando vi a Acácia corriendo hacia mí. Si la hubiera visto antes de la llegada de mi "nuevo Amigo", seguro que me hubiera lanzado hacia ella con la misma ansiedad con que ella se apresuraba hacia mí. En cualquier caso, mi calma alivió la ansiedad de Acácia; y ni ella, ni mi papá, ni mamá supieron nunca de este incidente del ángel, pues esta es la primera vez que lo he relatado.

Desde aquel día de febrero o marzo de 1905, mi "nuevo Amigo" me acompañaba siempre y a todas partes. Hacía guardia conmigo delante de la gran cómoda cuando velábamos a Cristo crucificado. Desde aquel momento dejé de tener miedo a la penumbra de aquella habitación, porque sentía la presencia protectora y dulce de mi "nuevo Amigo". Este es el nombre que le di, y así le llamaba hasta los seis años, cuando supe que él era mi santo ángel de la guarda. Le entendía perfectamente cuando me hablaba, aunque nunca oyera su santa voz.

* * *

¡Oh fiel guardián de mi infancia y juventud, cuánto deseo verte, mi nuevo Amigo! Déjame que llore, no me hará daño. Te ofrezco estas lágrimas, mi fiel guardián, como prueba de mi gran amor y de mi gran deseo de verte. Después de treinta años, ¿por qué te escondes de tu hermanita y amiga? Pero aún estás conmigo, lo sé, aunque no haya sido consciente de tu santa compañía y presencia desde el año pasado, 1935. Al recordar todo lo que has hecho por mí, deseo amarte todavía más. Si no fuera por ti, mi santo guía, ¡quién sabe si no hubiera ofendido a mi buen Dios voluntaria y gravemente, cientos de veces! ¡Cuántas veces, tantas veces, rindiéndome ante mis caprichos e inclinaciones, estaba yo a punto de hacer el mal, y tu santo aviso llegaba, siempre a tiempo, para evitar que cayera!

El secreto de la cestita

Un día, poco después del carnaval, oí a mi padre decir que iríamos a la playa. Al día siguiente vi a Acácia, Conçeiçao y mi madre muy atareadas, preparando ropa y paquetes. ¡Nos íbamos a la playa! Este pensamiento me encantaba. Mi nuevo Amigo también iría, lo sabía. Iban todos los de la casa, incluso el buen Abelino, el soldado que bañaba a Congo. Abelino llevaría el carro. Sin embargo, mi padre no podía ir. Durante nuestra ausencia tendría que vivir en el cuartel, pues nuestra casa se cerraría. Estaba pensando en todo esto mientras acomodaba el osito de peluche que doña Mimosa me había dado en una cestita. También intentaba meter la muñeca grande, que solo cabía sentada.

De repente mi gran alegría se transformó en dolor amargo. Incluso el osito de peluche iría; en cambio mi amado Padre del Cielo se quedaría solo. Él, que había enviado a mi nuevo Amigo para protegerme del enmascarado, tendría que quedarse en la habitación oscura y cerrada. De buena gana me hubiera quedado con Él, pero sabía muy bien que mamá no me daría permiso. Ah, pero —entonces me vino la idea— ¿y si, en vez de la muñeca y el osito, me llevara el crucifijo? Acácia me había dado la cestita para la muñeca y el osito, pero yo me llevaría el crucifijo sin que Acácia o mamá se enteraran.

Fui al dormitorio. Coloqué la silla alta cerca de la cómoda y así pude coger a mi Gran Amigo y ponerle en mi regazo. Entonces fui al armario, saqué una pequeña capa y envolví el crucifijo que tanto me gustaba. De esta manera el crucifijo también fue a la playa. Durante aquel viaje tuve la cesta junto a mí todo el tiempo. Cuando llegamos, la guardé al pie de mi cama. Pasamos muchos días en la costa, pero el crucifijo se quedó siempre en la cestita. Lo traje de vuelta a la ciudad y lo coloqué sobre la cómoda sin que ni mi madre ni Acácia se enteraran.

Cecy Cony (Hermana María Antonia) de niña.

2. Primera confesión y primera comunión

Hacia el final de 1905 o a mediados de 1906 mi padre fue trasladado a la guarnición de Jaguarão. Creo que fue entonces cuando empezó una segunda etapa en mi vida. Poco después de nuestra llegada nos incorporamos al Colegio de la Inmaculada Concepción. Recuerdo mi primer día en la escuela, Conçeiçao nos llevó allí. La hermana Eugenia nos recibió y fue tan buena y amable que desde el principio empecé a quererla mucho. Nos llevó a su clase y nos sentó en el primer banco a mis hermanas y a mí. Entonces nos preguntó muchas cosas. Yo estaba admirada, nunca antes había visto a ninguna hermana, y creo que nada faltó en la hermana Eugenia que no observara.

Lo que más captó mi atención fue la cruz de tela negra cosida a su hábito, que no llevaba la imagen del crucificado. Ah, pero en la clase, colgada de la pared, había un   gran Cristo crucificado, clavado en una cruz tan grande como yo. Sus manos y pies estaban manchados de sangre y en su costado había una gran herida abierta. ¡Pobre Jesús! Un gran dolor invadió mi alma y empecé a llorar. La hermana Eugenia trataba de consolarme, pensando que lloraba por estar lejos de mis padres.

Entonces las alumnas empezaron a llegar, y los sitios se llenaron rápidamente de niñas a las que nunca había visto antes. Poco después de esto, la hermana Eugenia me llevó a otra clase y mis hermanas se quedaron. En esta segunda clase había otra "chica" sentada en la silla de la profesora, vestida igual que la hermana que me acompañaba. Ella también llevaba la pequeña cruz de tela negra cosida en su pecho. En la pared había también otra imagen de Cristo crucificado colgado de una gran cruz. Y también, para gran alegría mía, vi en la pared un gran cuadro de mi nuevo Amigo, un cuadro justo igual al que había en casa del capitán Bezerra. Mi profesora sería mi querida madre Rafaela. Me sentó en el primer banco, que se convertiría en mi sitio fijo. Mi nuevo Amigo estaba a mi lado; no necesitaba buscarle. Tímida y asustadiza por naturaleza, me estuve callada todo el tiempo. Sin embargo, me gustó mucho el colegio y las buenas "chicas" o profesoras, a las que mi padre me dijo que debía llamar "hermanas" y no "chicas".

En poco tiempo aprendí a hacer la señal de la cruz, a rezar el padrenuestro, el avemaría, el Credo y una preciosa oración a mi nuevo Amigo. Nos la enseñó la hermana Paulina. Fue ahí donde aprendí que mi nuevo Amigo era mi santo ángel de la guarda. La madre Rafaela nos hablaba con frecuencia de nuestro buen Padre del Cielo, aunque nunca usara ese nombre. Me sorprendió que le llamara siempre el "buen Dios". Esto me hizo darme cuenta de que en realidad mi Padre del Cielo se llamaba Dios. Aprendí también que la Madre del Cielo se llamaba María Santísima. La madre nos habló después del buen Jesús, cuyo nombre había aprendido de doña Mimosa. Nos habló también del alma, del horror del pecado, del Cielo, del infierno y del purgatorio. Guardaba todas estas cosas en mi mente en la medida en que mi limitada inteligencia me lo permitía. Sabía que mi ángel cuidaría del resto.

La pequeña Hostia blanca

Lo que más me impresionó fue cuando la buena Madre nos habló de la pequeña Hostia blanca, que contenía al mismo Dios, al mismo Jesús que vivió y murió aquí en la tierra. Pronto me puse a pensar: "Si pudiese tener conmigo al buen Jesús escondido en la pequeña Hostia, ah, sustituiría la crucecita negra con Jesús clavado en ella por la pequeña Hostia blanca, que es verdaderamente el mismo Jesús vivo, mientras que la figura de Jesús en la crucecita es solo su imagen".

Después de algunos meses, ya sabía leer sola. Un día la hermana Irene vino a nuestra clase y dijo: "Quien no haya hecho la Primera Comunión que levante la mano". Estaba contentísima, pues ya había oído hablar a la madre Rafaela de la Primera Comunión. Pensaba en cómo el buen Jesús vendría a mi pequeño corazón y se quedaría siempre conmigo. Así que yo, también, levanté mi mano. La madre Rafaela cogió mi mano y sin soltarla habló con la hermana Irene. Entonces, mirándome, la madre Rafaela dijo: "Cecy, tú eres muy pequeña todavía. Tienes que esperar hasta el año que viene. ¡Tu papá no te dejaría! De todas maneras, puedes ir con la hermana Irene y las otras niñas, ¿quieres?". Esto significaba que la madre Rafaela solo me daba permiso para asistir a la preparación para la Primera Comunión.

Sentí una gran decepción en mi alma, una pena y un dolor muy grandes. Me puse muy triste, y por primera vez me sentí infeliz. Pensaba que quizá la hermana Irene me daría permiso, pues ella parecía más dispuesta a ello e incluso me había dicho: "Tú pídeselo a papá, y a ver". ¡Pero la madre Rafaela, a quien consideraba más amiga mía que la hermana Irene, no quería darme al buen Jesús! Mi queja llena de dolor partió de mi corazón a mi nuevo Amigo, que estaba ahí junto a mí, muy callado, sin decir nada, pero oyéndolo todo.

¡Ah, mi querida madre Rafaela! Esta ha sido la única queja que he tenido contra usted en once largos años. Una queja injusta, es verdad; pero salió de un corazoncito que la quería mucho, aunque no entendiera sus santas intenciones. Salió de un corazoncito que ya sentía un gran amor por la pequeña Hostia blanca, a la que usted misma me había enseñado a conocer y amar.

Horror al pecado

Empecé a asistir a las clases de preparación que daba la hermana Irene. El deseo de recibir al buen Jesús en mi corazón crecía día tras día. Aborrecía el pecado, que repugnaba y desagradaba tanto al buen Dios. Cada día, al levantarme, le decía a mi nuevo Amigo: "Mi nuevo Amigo, santo ángel de mi guarda, protégeme en este día y no permitas que disguste al buen Dios. Amén". Esta breve oración, que yo misma había compuesto, la he repetido todos los días de mi vida, desde el día en que, en aquellas clases, la hermana Irene nos dijo que el buen Jesús moría por los pecados de la humanidad. Nunca olvidaría aquellas palabras que la hermana había usado: "Cada pecado que comete una persona es una gran espina que clava en la sagrada cabeza del buen Jesús".

Una y otra vez decía: "Si cometemos un pecado después de haber recibido a Jesús en nuestros corazones, estamos expulsándole y dejando entrar al demonio". Estas palabras, que se grabaron profundamente en mi alma, suscitaron en mí un auténtico horror al pecado. Ah, ¡cuántas veces estaba a punto de clavar "una gran espina" en la sagrada cabeza de nuestro divino Señor e, invariablemente, mi nuevo Amigo me advertía a tiempo de lo que iba a hacer! De ahí surgía la consoladora y segura confianza que siempre tenía con él.

La tentación de los melocotones

Una tarde fui con mis hermanas y otros niños a dar un paseo por el campo con Acácia y Conçeiçao. Acácia cogió dinero para comprar fruta y llevábamos cestitas. Fuimos a una granja que nos recomendó Abelino, el buen soldado que mi padre había traído consigo desde Santa Vitória. Abelino nos llevó a la granja.

Cuando llegamos, un hombre con una azada al hombro nos dijo que entráramos. Corrimos hacia el huerto con Abelino, Acácia y Conçeiçao. Cuando el hombre estaba preparando la fruta para Acácia, los otros niños, sin que nuestros tres guías se dieran cuenta, empezaron a recoger grandes melocotones y ciruelas, colocándolos en sus cestas. Sus cestitas estaban casi llenas, y solo la mía estaba vacía. Y justo en ese momento... ¡yo estaba al pie de un melocotonero! Mirando hacia arriba, veía un melocotón, y otro, y otro más… ¡Y todos al alcance de mi mano! Pensé: ¿Y no podría yo coger algunos melocotones como hacen los otros niños? Alargué mi brazo para coger un melocotón y, cuando mis dedos ya tocaban un gran melocotón aterciopelado, recibí la dulce y suavísima advertencia de mi nuevo Amigo. Mi brazo, suspendido en el aire, fue movido hacia abajo por una "mano invisible", que sentí tan realmente como si cualquiera de las personas que podía verme me hubiese tocado. Comprendía lo que me decía mi nuevo Amigo mejor y más claramente que si me lo dijeran la madre Rafaela, o la hermana Paulina, o la hermana Irene, a quienes podía ver cuando me hablaban.

Me arrepentí inmediatamente y con gran dolor del horrible pecado que estuve a punto de cometer, y mi corazón se llenó de una pena muy grande por el buen Jesús, pues pensaba en la gran espina que casi había clavado a martillazos en su sagrada cabeza. Esa noche, en la cama, lloré amargamente después de haber pedido perdón al buen Jesús, a nuestra Señora y a mi nuevo Amigo. (Esta costumbre de pedir perdón a mi nuevo Amigo la mantuve hasta los catorce años).

En una de sus clases la hermana Irene nos había hablado de un niño que había ido al purgatorio por sus mentiras y que se le apareció a su hermana mayor. Le enseñó la lengua llena de alfileres y, en cada uno de ellos, una serpiente enroscada, que le picaba en la lengua continuamente. Por aquel entonces yo no sabía lo que significaba una mentira, y solo podía imaginarme que el pobre niño había cometido un pecado muy grande para merecer tal castigo. Sin embargo, mi nuevo Amigo me daría pronto una explicación.

El vaso roto

Todas las tardes acostumbraba a ir a comprar leche con Acácia y los niños del vecindario. Cada niño llevaba su vasito envuelto en una servilleta. Yo tenía un vaso verde muy bonito, decorado con un ala dorada y lleno de estrellas. Me lo había dado el capitán Barcelos[4]. A una de mis compañeras le gustaba mucho mi vaso y me dijo: "Dame tu vaso y yo te dejo beber con el mío". Acácia lo oyó y dijo: "No señora, cada una bebe de su propio vaso". Mi compañera no respondió, y pareció aceptar la negativa sin resentimiento. Continuamos andando un poco más y de repente mi compañera se volvió y tiró violentamente de mi servilleta, haciendo que el vaso se cayera y rompiera en pedazos. Con la misma rapidez con que hizo esto, corrió hasta Acácia, que iba delante de nosotras, y dijo: "Acácia, Cecy se ha enfadado tanto porque no le ha dejado que nos cambiáramos los vasos, que ha tirado el suyo al suelo y lo ha roto a propósito". Naturalmente, Acácia se enfadó muchísimo y me dijo: "Muy bonito el genio de la niña. Pues ahora que no tienes vaso, te quedas sin leche. ¡Mientras los otros beban, tú te quedarás chupándote el dedo!".

Todo ocurrió tan deprisa que ya había terminado cuando me di cuenta de lo que había pasado. Pero entonces me enfadé tanto y me entraron tales ganas de vengarme, que ya estaba a punto de abalanzarme sobre mi amiga para hacerle lo mismo y romperle su vaso, cuando mi nuevo Amigo intervino, sujetándome del mismo modo que hizo cuando me impidió robar la fruta. Y oí claramente la advertencia de mi nuevo Amigo: "Tu pobre amiga ha cometido dos grandes maldades".

La primera, que había sido romper el vaso, no la entendí en ese momento. Mas la segunda, ah, era la mentira que le había dicho a Acácia, el mismo pecado por el que el niño había sido castigado en la lengua con los alfileres y las serpientes. Sí, mi amiga había mentido a Acácia, que pensaba que todo había ocurrido como le habían contado. Entonces entendí perfectamente lo que era una mentira. Le dije a mi nuevo Amigo. "Ahora comprendo. Sería una mentira romper un vaso y después decirle a mamá que yo no fui".

---

[4] Otro amigo de la familia, presumiblemente.

Finalmente llegamos al lugar donde solíamos comprar la leche y olvidé decirle a Acácia que yo no fui la que rompió el vasito. Quizá fue porque mi nuevo Amigo estaba conmigo y su presencia me imponía aún más respeto que la de la madre Rafaela, la hermana Irene y la hermana Paulina, cuya autoridad era suprema a mis ojos. Acácia, sin embargo, siempre me dejaba hacer lo que quisiera, y me dio leche del vasito de mi hermana.

Así fue como mi nuevo Amigo me impidió caer en la bajeza y fealdad de la venganza.

* * *

¡Oh, mi santo ángel de la guarda, si tuviera que contar todo lo que has hecho por mí, un grueso libro no bastaría para contener todas tus inspiraciones!

La modestia, sierva de la pureza

Si mi nuevo Amigo no me hubiera infundido tal respeto por su santa presencia, creo que de niña habría adquirido algunos hábitos descuidados, poco o nada modestos. Me daba perfecta cuenta de que, cuando estaba en presencia de las hermanas o de otras personas a las que tenía respeto, debía ser cuidadosa en mis posturas. Pero eso lo aprendía aún mejor cuando estaba sola, pues entonces me sentía observada por mi nuevo Amigo.

Hasta los ocho años Acácia era quien me vestía y bañaba, me peinaba, me acostaba y despertaba por la mañana. Dependía tanto de ella que no fue hasta los diez u once años cuando la dispensé de ayudarme en estas tareas. A menudo, cuando me despertaba ya sola por la mañana y me vestía —por ejemplo, poniéndome las medias— tomaba una posición inconveniente, o mi vestido no estaba bien caído. En esas ocasiones sentía de inmediato y vivamente la santa presencia de mi ángel de la guarda, sin verle nunca, pero sentía tan fuertemente su reproche por lo impropio de mi postura, que, tremendamente avergonzada, cerraba los ojos, como si así pudiera evitar ver su santo rostro mirándome con severidad.

Esta escena se repitió en innumerables ocasiones, unas veces estando sola, otras cuando estaba en medio de las fiestas más interesantes. Por la gracia del buen Dios, nunca me resistí a estas santas advertencias de mi nuevo Amigo, aunque a menudo tuviera que someter mi naturaleza rebelde, llena de malas inclinaciones.

En una ocasión mi padre nos llevó a ver una fiesta militar en Rio Grande do Sul. Estaba encantada al ver que allí se podía montar a caballo. Las mujeres y los niños lo hacían. Yo no había montado más que una o dos veces, cuando mi padre me había sentado en su caballo, Congo. En esta fiesta estaba decidida a montar a caballo. Un teniente cuidaba de mí, y me trajo un hermoso poni. Estaba contentísima. Me puse a horcajadas como si fuese un chico y, en el momento en que tiré de las riendas, sentí la advertencia de mi nuevo Amigo, tan claramente como oía y sentía al teniente[5].

Mi nuevo Amigo no quiso que fuera más lejos. Noté que su santo brazo me bajaba suavemente del poni, igual que antes sintiera al teniente subiéndome a él. Cuando llegué al suelo le dije al teniente: "No quiero montar más". El teniente se admiró de mi "agilidad" al desmontar del poni, y se lo contó a mi padre, que me llamó miedosa y tontita. Me hubiese gustado mucho montar en el poni, pero me gustaba más, mucho más, contentar a mi nuevo Amigo.

Un ramo de rosas blancas para nuestra Señora

El mes de octubre se estaba aproximando y todavía no había conseguido permiso para hacer mi Primera Comunión. La hermana Irene me decía muchas veces que me esperara después de

---

[5] Dios había elegido a Cecy para tener una gran intimidad con Él durante su vida en la tierra. Por ello su ángel de la guarda recibió el encargo de preservarla del peligro de la más leve falta contra la modestia.

clase para pedirle a la buena madre el permiso necesario, pero la madre Rafaela siempre daba una respuesta evasiva. La verdad era que exteriormente, por mi apariencia física poco desarrollada, parecía una niña de cuatro o cinco años. Sin embargo, creo que la verdadera razón por la que el permiso se retrasaba era por mi lentitud para aprender, o, mejor todavía, hablando franca y sinceramente, yo no era más que una "boba". Sin embargo, a pesar de no ser muy inteligente, sabía muy bien que Jesús estaba presente en la pequeña Hostia blanca y amaba mucho la Sagrada Eucaristía. ¡Si mi querida madre Rafaela hubiese sabido que cada noche, antes de apagar la luz, metía la cabeza debajo de la almohada para ocultar mis sollozos, y lloraba amargamente por no poder recibir la visita de mi Gran Amigo, el buen Jesús, quien sufrió tanto por mi para que un día pudiera llevarme a su hermosa casa del Cielo!

Mi nuevo Amigo era el único con el que compartía mi secreto. Él estaba ahí, siempre bien despierto; sabía que nunca tenía sueño. A cualquier hora de la noche en que me despertara, él estaba a mi lado. Después de llorar me sentaba en la cama y le contaba la razón de mis lágrimas. Terminaba rogándole que intercediera por mí ante la buena Madre, pues ella seguro que haría lo que él, el santo ángel, le pidiera. Y así, más calmada y consolada por la dulce esperanza de que la madre Rafaela me daría permiso, terminaba por dormirme.

Una de estas noches, sentada en la cama llorando, empecé a quejarme a mi nuevo Amigo como de costumbre. De repente pensé: "Ah, he olvidado pedírselo a la santa Madre del buen Jesús, nuestra Señora, como la hermana Irene llama a la buena Madre del Cielo. Ella ordenará a la madre Rafaela que me deje hacer mi Primera Comunión".

A la mañana siguiente, pronto, nada más levantarme, salté de la cama y me puse al pie de la cómoda, que ya no estaba en el cuarto de mamá sino en la habitación al lado de la mía. No había crecido lo suficiente para alcanzar la parte de arriba de la cómoda, pero era capaz de ver la pequeña pila con la imagen de nuestra Señora. Todavía puedo recordar la oración que dije aquella mañana; fue así: "Querida y buena nuestra Señora, tengo tantas ganas de recibir a su Hijo Jesús en mi corazón... Pero la madre Rafaela no quiere darme permiso, porque soy demasiado pequeña. Señora, por favor hágame crecer un poco hoy, y haga que la madre Rafaela lo note. Tengo en mi hucha ocho cruzeiros que he ahorrado para comprar el bebé negrito que venden en la tienda para niñas. Ya no voy a comprar el bebé. El dinero lo gastaré en la floristería, en un gran ramo de rosas blancas para decorar tu altar en la iglesia, si la madre Rafaela me da permiso. Amén".

Mi nuevo Amigo estaba ahí conmigo, y yo sabía muy bien que él también quería que nuestro Divino Señor viniera a mi corazón. Después de haber hecho mi petición a nuestra Señora, volví a mi habitación, esperando a que viniera Acácia. Después de desayunar fui al colegio. Me pareció que aquel día la madre Rafaela no notó que hubiese "crecido", porque no dijo nada. (En cuanto a mí se refiere, estaba convencida de que nuestra Señora me había hecho crecer).

Al día siguiente la madre Rafaela todavía no se había dado cuenta de que había crecido. Pasó otro día, y otro, y aún otro, pero la madre Rafaela no me decía nada. Finalmente, decidí pedirle permiso para hacer la Primera Comunión de nuevo. Después de clase me coloqué junto a una puerta por la que tenía que pasar. Mi corazón latía tan violentamente que pensaba que no iba a ser capaz de hablar, pero sabía que mi nuevo Amigo estaba conmigo y que él me enseñaría a pedir.

Sin embargo, no me hizo falta hablar. Antes de que pudiera decir una palabra, la madre Rafaela dijo. "Cecy, ya sé lo que quieres. Muy bien, si papá te da permiso, la madre también te lo dará". Si no fuera por el gran respeto que me infundía la madre Rafaela, la habría abrazado y acariciado de mil maneras, como solía hacer con papá, mamá o Acácia cuando satisfacían mis deseos. Pero todo lo que pude decirle a la madre Rafaela fue: "Sí, Madre, muchas gracias". Sabía que mi papá haría lo que yo quisiera. Y si papá me daba permiso, mamá haría lo mismo. Y así fue.

Ya era tarde, y no podía ir a la floristería a comprar las flores para nuestra Señora. A cambio, fui al pie de la cómoda a pedirle a nuestra Señora que esperara hasta el día siguiente. Tomé la pila en mis manos y besé la imagen de la Madre bendita repetidamente; así intentaba mostrarle a la buena Madre del Cielo lo agradecida que le estaba por haberme hecho crecer de un modo tan aparente. (No sé si crecí realmente, solo sé que estaba convencida de que había crecido, y que por eso la madre me daba permiso).

Al día siguiente cumplí mi promesa. Acácia me acompañó a la floristería. Yo solo le dije que quería comprar algunas rosas grandes, de color blanco, para llevar a nuestra Señora, a su altar en la iglesia. Abrí mi hucha, que era un arca de Noé, y puse todo el dinero en mi monedero. ¡Qué feliz me sentía a la vuelta, sentada en la barca con Acácia, sujetando el hermoso ramo de rosas blancas, mientras cruzábamos el río! La chica de la floristería había dicho: "El ramo quedaría más bonito con "Príncipe Negro" y "Reina de Persia". Acácia era del mismo parecer, pero yo respondí: "No, señorita, quiero solo rosas blancas". Le había prometido a María Santísima unas hermosas rosas blancas, un ramo solo de rosas blancas. Y así fue.

El padre Domingos[6] estaba en la parroquia cuando llegué allí, y colocó el ramo de rosas blancas en un gran jarrón. Me sentía feliz, inmensamente feliz. Aquella noche, ya retirada, me senté en la camita, pero no para quejarme de la madre Rafaela a mi nuevo Amigo, sino para preguntarle si a nuestra Señora y a él les había gustado el ramo de rosas blancas. Mi arca de Noé estaba vacía, y no podía comprar el precioso bebé, negro como

---

[6] El párroco.

el carbón, que tanto deseaba. De nuevo me puse a guardar las monedas que me daba mi padre, y le pedí a mi nuevo Amigo que no permitiera que ninguna otra niña comprara el bebé negrito, antes de que yo ahorrara lo suficiente.

Sin embargo, cuando el arca de Noé ya contenía un buen número de monedas, la vacié por segunda vez, y no para comprar mi querido bebé, sino para hacer otra compra, que me hizo sentir tan feliz como cuando compré las rosas blancas.

Primera confesión

Los días de preparación pasaban, y sabía, como me había enseñado la hermana Irene, que debíamos preparar muy bien nuestro corazón, para que recibiera muy limpio la visita del amado y buen Jesús. Ansiaba hacer mi primera confesión, para que mi corazón y mi alma se volvieran más blancos que el hermoso vestido blanco que mi madre había encargado. El día de nuestra primera confesión llegó finalmente. Me confesé con el rector del Instituto, padre Luis Lembrecht. Los padres que trabajaban en Jaguarão, en el colegio y en la parroquia, eran Premostratenses. La tarde anterior, muy celosa, la hermana Irene nos había llevado a una clase vacía. Allí nos dio papel y lápiz y nos dijo que escribiéramos nuestros pecados con ayuda del catecismo. Mi nuevo Amigo estaba allí conmigo, pero no me decía nada. Pensé: "me gustaría más estar a solas con mi nuevo Amigo". Una de mis compañeras, sentada a mi lado, no se estaba callada. Continuamente me preguntaba, señalando con el dedo alguno de los pecados del catecismo: "Cecy, ¿tú vas a escribir este pecado?". Yo respondía cada vez: "La hermana Irene ha dicho que solo debemos contar los pecados al sacerdote, pero sí, ese lo escribiré. Será mejor así".

La hermana Irene se dio cuenta de que mi compañera no se estaba callada, y la cambió de sitio. Y yo pensé: "Muy bien, ahora estaré sola en este banco con mi nuevo Amigo". Y pensaba y pensaba. Le pedía a mi nuevo Amigo que me ayudara a hacer una buena confesión. Después de leer los pecados contra cada mandamiento, pensaba para mí: "Hay aquí muchos pecados que he cometido; otros que no estoy segura, y otros que no sé lo que significan. ¡Cuántas espinas se habrán clavado en la sagrada cabeza de Jesús con estos pecados!" Sentí una gran pena por Jesús. Y deseando consolarle, le prometí, mientras trataba de no llorar: "Oh, Jesús, nunca, nunca más seré mala. No quiero cometer más pecados; tengo muchas tentaciones de cometer pecados, pero mi nuevo Amigo me cuida y no me deja cometer pecados".

Entonces la hermana Irene, que lo veía todo, se me acercó y me dijo: "Cecy, las otras casi han acabado y tú ni siquiera has empezado". Así que empecé inmediatamente, dispuesta a escribir todos los pecados del catecismo, pues pensaba: "Nuestro Señor sabe los pecados que he cometido y los que no he cometido. Escribiéndolos todos, no habrá ningún pecado en mi corazón, ni una manchita, y mi alma será tan blanca como la pequeña Hostia blanca que voy a recibir".

Cuando todas acabamos, la hermana Irene nos dio a cada una un sobre, dobló cada lista de pecados y las metió en los sobres, que cerró. Después escribimos nuestro nombre en nuestro sobre y la hermana Irene los guardó todos para el día de nuestra primera confesión. Me fui a casa, y casi no me podía esperar hasta el día siguiente. La hermana Irene había dicho: "Mañana a las dos haréis la primera confesión". Y así fue.

Finalmente llegó el gran momento. No sé qué sentimientos diversos experimentaba. No fui la primera, la hermana Irene era quien decidía el orden. Sin embargo, mi nuevo Amigo estaba allí conmigo, y sabía que entraría conmigo en el confesonario. Repetí muchas veces el acto de contrición, sintiendo un dolor enorme por haber ofendido a mi Padre celestial. Cuando llegó mi turno, tenía en mi mano la gran lista de pecados, de grandes espinas que lastimaban la sagrada cabeza de Jesús. Entré en el confesonario con mi corazón latiendo sin parar. Estaba ansiosa por confesarme. Empecé a leer mis pecados, pero de repente el sacerdote me paró y me pidió el papel. Yo se lo di y lo guardó. Entonces acabé mi confesión sin la ayuda del papel. El sacerdote me preguntó por algunos pecados, y yo le dije si los había cometido o no. Aun sin el papel, que antes me pareciera tan imprescindible, sabía que había hecho una confesión excelente, pues sentía una felicidad grandísima, como nunca antes hubiera sentido.

Cuando salía del confesonario me di cuenta de que el sacerdote se reía. Yo me puse aún más contenta, pues pensaba: también él se alegra de verme tan feliz. Solo más tarde entendí que una vez más había sido un poco tontina.

Al llegar a casa por la tarde no me fui a jugar a la calle, como era mi costumbre, y ni siquiera quise ir a la vaquería, algo que me gustaba mucho. Tenía miedo de que, si salía, pudiera manchar mi alma de algún modo, que estaba tan blanca y hermosa como el velo, con su corona de flores, y el vestido blanco que ya estaban guardados. Pasé el resto de la tarde sentada en la pequeña mecedora junto a la gran cómoda, mientras recitaba el acto de contrición una y otra vez. Nadie me prestaba atención excepto mi nuevo Amigo, que tampoco quería ir a la vaquería. Acácia, al volver de la vaquería, me demostró que no se había olvidado de mí. Me trajo un poco de leche en la jarrita azul con una oveja pintada que mi madre me había comprado después del episodio del vaso roto.

Primera Comunión y presencia sensible de Jesús

El gran día de mi Primera Comunión, 17 de octubre, se aproximaba muy lentamente. Hicimos una segunda confesión. En esta ocasión la hermana Irene me dijo: "Cecy, la gente no se confiesa de todos los pecados del catecismo, sino solo de los que recuerda". Yo también lo sabía, pero pensaba que sería mejor decir todos, aunque no le dije nada a la hermana Irene. Finalmente llegó la víspera del gran día. La hermana Irene se preocupaba mucho de nosotras. Cuando volvía a casa, me puse junto a la gran cómoda, sentada en la pequeña mecedora, preparando las oraciones que debíamos rezar juntas antes y después de la visita de nuestro Señor, como la hermana Irene nos había enseñado. Todavía no sabía leer con soltura, y solía señalar cada palabra con el dedo. La hermana Irene no quería que leyésemos las oraciones, pero yo quería decirlas perfectamente, sin equivocarme en ninguna palabra, y así nuestro Señor me podría entender bien.

Esto me trae a la memoria la "Llave del Cielo", el precioso librito de oraciones con hojas doradas que mi querida madre Rafaela me dio, y en el que escribió en la primera hoja, con su hermosa letra: "Recuerdo de tu amiga, madre Rafaela". Utilicé este librito de oraciones durante muchos años, incluso siendo ya una chica joven. Entonces se lo di a mi hermana Adayl, pero solo después de recortar la página con la dedicatoria, que tanto me gustaba. ¡La madre Rafaela era mi amiga! ¡Cuánta alegría me daba este pensamiento! Probablemente la madre Rafaela adivinó la alegría que sentí de pequeña por tener una amiga tan santa. Doce años más tarde, cuando ella se marchó de Jaguarão, me dio una estampa con la misma dedicatoria. Tenía entonces dieciocho años, y conservo esa estampa hasta hoy. Mi buena y santa Madre, nunca he olvidado lo mucho que le debo. ¡Que el buen Dios le recompense por todos los bienes que mi alma ha recibido gracias a usted!

Finalmente llegó el 17 de octubre. Este es un día santo para mí, un día de infinita felicidad: el día en el que conocí personalmente —aún más, le recibí en mi interior— al buen Jesús, el Señor del Cielo, a quien meses antes solo conocía por el gran cuadro del dormitorio de mi madre y por mi amado crucifijo de la cómoda.

* * *

41

Mi buen Jesús, cuando miro hacia atrás, ¡qué añoranza llena mi alma, al recordar a la pequeña Dédé, infinitamente feliz en aquel santo día! ¡Aquella fue la primera vez, oh Dios mío, en que sentí real y sensiblemente dentro de mí tu santísima presencia, tu real presencia! Bien te esperaba yo, oh Jesús mío, y no me engañé. Sabía que Te sentiría dentro de mí, no como percibía y sentía la presencia de mi nuevo Amigo, sino como si tú, oh Dios mío, fueras yo misma, y como si yo fuera tú. Tú en mí y yo en ti. Tu alma en mi alma, ¡tu Corazón en mi corazón! ¡Dos almas en una sola alma! ¡Dos corazones en un corazón! ¡El gran Dios omnipotente en su miserable pequeña criatura! No sé como describir lo mucho que te amé en aquel momento, y lo mucho que tú, oh gran Dios, me amaste. Solo nosotros dos, Jesús y su pequeña Dédé, pueden saberlo. Oh buen y fidelísimo Jesús, treinta largos años han pasado desde entonces, y todavía nos amamos mucho, infinitamente más hoy, ¿no es así, oh Dios mío? Desde aquel día he sentido, siempre, siempre, tu santísima presencia en mí, hasta el año pasado, cuando dejaste a tu pequeña sierva sumida en el más doloroso abandono, en la más dolorosa nostalgia de ti. ¡Pero cúmplase, en todo, tu santísima Voluntad en tu pequeña criatura! Es verdad que ya en el noviciado te escondiste de mí en ocasiones, pero pronto, pronto, te encontraba.

El juramento de fidelidad

En aquel santo día de mi Primera Comunión, 17 de Octubre de 1906, al volver a casa, no solo acompañada por mi nuevo Amigo, sino también llevando a mi divino Huésped dentro de mí, deseé ardentísimamente encerrarme en mi pequeña habitación y allí quedarme a solas con mi Dios. Tenía tantas cosas que decirle, tantos favores que pedirle. Deseaba apretarlo en mi corazón, mostrarle mi amor, hacerle innumerables promesas. ¡Oh, no! Acácia estaba allí esperándome para llevarme a casa de mi abuela y de mi madrina. Me fui con ella, pero muy pronto volvimos a casa. Cuando Acácia me quitó el vestido blanco y el velo con su corona de flores, le pedí que me pusiera uno de mis vestidos de domingo, pues, pensaba, tenía una gran visita.

Vestida de nuevo, corrí a mi habitación, y me estuve callada, seria, con mucho respeto, con la mayor delicadeza, sentada en mi sillita, amando, amando mucho, mucho a mi Dios. Me abrazaba a mí misma, pues en mí misma abrazaba a Jesús. En mi lenguaje infantil le hice miles de promesas de amor y fidelidad, y sabía que Jesús me entendía muy bien, mejor que mi padre o mi madre.

Sentía vivamente en mí la presencia de mi Dios, de modo muy diferente a como sentía a mi nuevo Amigo. Era como si yo misma fuera el buen Jesús: Él, mi divino Huésped, me escuchaba sin aburrirse. Y yo, sin oír su santa voz, escuchaba atenta y amorosamente lo que Jesús quería de su pequeña sierva: que nunca, nunca, cometiese ni un solo pecado, para que Él, Jesús, nunca se separara de mí, ni una sola vez, ni un solo instante.

Entonces me levanté de la silla, me arrodillé e hice una cruz con mis dedos índice. La besé, en mi simplicidad infantil, y con firmísima resolución dije: "Oh mi buen y amado Jesús, te juro, mi Señor, que nunca jamás quiero cometer un solo pecado". Este fue el primer y único juramento que hice en el mundo. Tal vez no entendía la inmensa obligación que había asumido, no lo puedo decir. Sé únicamente que hice este juramento movida por un gran deseo de nunca ofender al buen Dios. Guardé en secreto este juramento en mi corazón. Jamás se lo revelé a nadie. Hice este juramento cuando Jesús estaba dentro de mí y mi nuevo amigo estaba a mi lado.

Y en este momento revelo mi secreto. Jesús, el buen Jesús, aceptó y guardó en su Sacratísimo Corazón este juramento de una débil criatura y cuidó, con su gracia, de que este juramento nunca se rompiera, hasta hoy.

* * *

Oh, Dios mío, por favor continúa cuidando de tu pequeña esposa. Hasta mi último suspiro, guarda en tu sacratísimo Corazón este juramento que te hice con tanto amor y sinceridad.

De inteligencia limitada, a menudo entendía exactamente lo contrario de lo que las buenas hermanas nos explicaban en las clases de religión. No sé cómo, llegué a la errónea convicción de que cuando recibíamos a nuestro Señor en la Sagrada Comunión la Presencia de nuestro Señor Jesucristo se mantenía en nosotros hasta que cometiéramos el primer pecado después de la recepción de esta Sagrada Comunión[7]. Esta convicción, a pesar de estar equivocada, fue una ayuda para mí, pues me llenó de un gran horror al pecado, convencida como estaba de que un solo pecado me haría perder a mi divino Huésped. Y perder a Jesús, jamás. Lo perdería todo, todo, hasta mi padre y mi madre, que lo eran todo para mí, antes que perder a Jesús.

---

[7] Después de la recepción de la Sagrada Comunión, Jesús permanece dentro de nosotros, Cuerpo y Sangre, Alma y Divinidad, hasta la corrupción de las sagradas especies, es decir, hasta que los accidentes del pan y del vino se han alterado como consecuencia del proceso digestivo.

3. Aprendiendo a rezar el rosario

Hasta mi primera Comunión, conocía poco a la santa Madre de Jesús. Sin embargo, después del episodio de las rosas blancas y de la efectiva intercesión de nuestra Señora para que consiguiera el permiso para mi Primera Comunión, empecé a quererla más —mucho más—, por especial gracia del buen Dios. Después del avemaría, la segunda oración que aprendí con la madre Rafaela fue:

> ¡Recuerda que a ti pertenezco,
> tierna Madre, Señora nuestra!
> ¡Ah, guárdame y defiéndeme,
> como propiedad vuestra!

Siempre recitaba esta breve oración por la mañana y por la noche, hasta el momento en que entré en el convento. Aprendí también a hacer pequeños sacrificios en honor de nuestra Señora. Me llené de alegría cuando la madre Rafaela nos enseñó a rezar el santo rosario. Volví a casa radiante. El devocionario *La llave del Cielo* que me dio la madre Rafaela contenía todas las oraciones más usuales. Yo sabía de memoria el padrenuestro, el avemaría, el Credo y la salve, pero no sabía en qué debía pensar durante los misterios del rosario. *La llave del Cielo* me lo enseñaba. "Qué bien", pensé, después de la clase de religión. "Hoy, al volver a casa, voy a rezar el rosario, y también le voy a enseñar a Cipriano (el buen viejito del asilo) cómo rezarlo".

Llegué a casa. Aquel día tenía prisa para todo. Quería que Acácia me bañara cuanto antes y después que mi padre me ayudara a estudiar (lo que siempre mi querido padre hizo con tanta paciencia, hasta que tuve nueve o diez años). La causa de mi prisa era que quería rezar sola el rosario, por primera vez. Sin embargo, ni Acácia ni mi padre estaban a mi disposición cuando llegué a casa. Papá no había vuelto del cuartel todavía, y Acácia no saldría de la cocina hasta que papá llegara. Me decidí por eso a empezar el rosario.

Fui a por *La llave del Cielo*, y me puse al pie de la gran cómoda para rezar ante la imagen de la pila. Solo entonces me di cuenta, con gran decepción, de que no tenía rosario. Sin embargo me acordé de que Acácia tenía un gran collar de cuentas azules que parecía un rosario; rezaría con él.

Corrí a buscar el collar. Lo único que faltaba era la cruz. Yo no tenía ninguna, pero nuestra Señora lo sabía, y no parecía ser muy importante. Mi nuevo Amigo estaba allí, y le sentía observándome todos mis movimientos y pensamientos. Nuestro Señor también.

Sabía que todas las imágenes sagradas, rosarios y medallas debían ser bendecidas y concluí: el collar de Acácia no es algo sagrado y por eso no está bendecido. Así que me arrodillé y con gran devoción cogí el collar y lo puse en la palma de una mano, mientras con la otra hacía el signo de la cruz sobre él, diciendo con absoluta sinceridad: "Yo te bendigo en el nombre del Padre y del Hijo y del Espíritu Santo. Amén".

Así recé mi primer rosario. Hasta el día de hoy estoy bien segura de que nuestra Señora aceptó con mucho amor mi primer rezo de su santo rosario, con aquel collar de cuentas azules que mi ignorancia improvisara. Mi nuevo Amigo y nuestro Señor permanecieron conmigo durante este rosario, y no se opusieron en nada.

¡Con qué cuidado y respeto traté después el collar! Pensaba: "A partir de ahora, Acácia no puede adornarse con este collar, porque lo he bendecido. Le pediré que me dé el collar, y le daré el dinero que tengo en mi arca de Noé". Sin embargo, Acácia, tan buena, no aceptó el dinero. Me dio el collar, y solo aceptó una cajetilla de cigarros de chocolate que había comprado por un cruzeiro.

Hacia el final de aquel año, cuando estábamos celebrando el final de las clases, recibí como premio una bonita cartera de satén blanco y azul que contenía un precioso rosario blanco, el cual ya estaba bendecido, según nos dijo la buena madre. Este fue mi primer rosario. Y al día siguiente, ya de vacaciones, fui al asilo a enseñarle a mi querido amigo, el viejito paralítico, a rezar el rosario. Creo que durante dos meses estuve rezando el rosario con las cuentas del collar.

Ya había intentado dos veces ir al asilo a enseñarle al pobre anciano con ayuda del collar, pero en ambas ocasiones mi nuevo Amigo me lo había impedido. Pero una vez que recibí el precioso rosario blanco, mi nuevo Amigo ya no se opuso y me acompañó al asilo.

* * *

Mi buen Jesús, Virgen Santísima y mi fidelísimo ángel de la guarda, de cierto perdonasteis, con mucho amor, la gran ignorancia de vuestra pequeña sierva y solo tuvisteis en cuenta la buena voluntad y el ardiente amor de la simple e ignorante Cecy.

Mi amigo Cipriano

Creo que ahora debo narrar algo sobre mi buen amigo, el viejito paralítico del asilo.

Cuando llegamos a Jaguarão desde Santa Victoria, fuimos a vivir a una casa que estaba enfrente del asilo de mendigos. Este asilo era una casa grande de una planta, dividida en muchas habitaciones. El asilo era un gran casa de un solo piso, dividida en muchas habitaciones y cada habitación tenía una ventana que daba a la calle. A los pobres que carecían de todo el asilo les proporcionaba refugio, pero poco más.

En una de las habitaciones cuya ventana daba a nuestra casa vivía un pobre anciano paralítico, que solo podía mover la cabeza y la mano izquierda. Nosotros, desde nuestra casa, y todos los que pasaban por la calle, podíamos ver a aquel viejito desde la mañana hasta el anochecer, pues su cama estaba colocada junto a la ventana, siempre abierta. Estaba en la cama, recostado sobre almohadones. Mamá, que sentía mucha lástima por él, se hizo responsable de llevarle la comida.

Un día acompañé a Acácia al asilo. Antes solo había visto al anciano de lejos, desde las ventanas de mi casa, y solo había podido apreciar su cabeza blanca como el algodón y su larga barba, también blanca. Ahora, sin embargo, podría mirarle de cerca. Acácia no me dejó entrar en la habitación. Mientras esperaba en la puerta, a unos pasos de su cama, le observé atentamente. Sus largas barbas, blancas como el algodón, me trajeron a la mente un cuadro de la Santísima Trinidad, en el que mi amado Padre celestial estaba representado también con largas barbas blancas como el algodón. En aquel cuadro mi Padre celestial nunca se mostraba enfadado conmigo. Incluso después de haber cometido alguna falta, Él todavía parecía mirarme con bondad y cariño.

¿Y qué más descubrí en el pobre anciano? Un crucifijo de metal blanco, más grande que la palma de mi mano, reposaba en su pecho. Colgaba de su cuello con un cordoncito. Pensé: "Me agrada mucho este pobre viejito. Voy a cuidar de él para que su alma y su corazón se vuelvan blancos para el buen Jesús". Después de que Acácia hubo colocado la comida en la mesilla, habló un poco con él y me llevó de la mano de vuelta a casa. Durante el resto del día mi pensamiento se fue a menudo al pobre enfermo. Aquella noche, antes de retirarme, le pedí a mi nuevo

Amigo: "Mi nuevo Amigo, mañana deseo visitar al viejito enfermo y hablarle de nuestro Padre del Cielo. Te pido que me acompañes. No quiero ir con Acácia, porque ella siempre lleva mucha prisa".

Tenía dos días de vacaciones. Así que, pronto por la mañana, después de que Acácia hubiera regresado del asilo, corrí a la ventana de la habitación desde la que podía ver al anciano. ¡Qué alegría! Ahí estaba él, como siempre, con la ventana abierta. Salí de casa, crucé la calle y me fui hacia su ventana. Con cierta dificultad, me subí al alféizar y allí me senté. El viejito me miró y pareció sorprenderse de que le visitara por la ventana. Pensé que se habría asustado, así que le dije: "No se asuste. Soy la niña que vino ayer con Acácia. Vivo en la casa de al lado".

El anciano se puso muy contento. Le pedí que me enseñara su bonita cruz y quitándosela del cuello, me la dio. Y entonces, sin dejarme un solo punto, le repetí completa aquella santa primera lección que recibiera dos años antes de mi querida doña Mimosa. El viejito me escuchaba y me escuchaba, sin interrumpirme una sola vez. Cuando terminé la lección el viejito lloraba, al igual que "la pequeña Dédé" lloró abrazada al cuello de doña Mimosa. Le dije que besara la imagen de nuestro Señor de su bonita cruz. Él lo hizo y se la volvió a colgar en el cuello.

Le prometí que volvería a la mañana siguiente y que le traería la pila de loza con la imagen de la Santa Madre de Jesús, para que la viera. Mi nuevo Amigo estuvo conmigo todo el tiempo, pero no se sentó en el alféizar como lo hice yo. Nunca sentí a mi nuevo Amigo sentado, creo que Él siempre estaba de pie a mi lado, pues cuando era pequeña levantaba muchísimas veces la cabeza, como si quisiera ver su santo rostro. Sin embargo, nunca lo vi.

Al día siguiente cumplí mi promesa. Aquella mañana, tras el desayuno, pues era día de vacaciones, con la pila con la imagen de nuestra Señora en la mano, crucé la calle y me senté de nuevo en la ventana del anciano. Le enseñé la imagen de nuestra

Señora, diciéndole que ella era la Madre de Jesús. Entonces le enseñé a rezar el avemaría.

Muchos días le llevó al anciano aprender la oración de memoria. Me sentaba cada día en el alféizar del asilo, normalmente por la tarde, ya que volvía del colegio a las cuatro. Jamás faltaba a mis visitas, pues sabía cuánta alegría daban al viejito. En días de lluvia, o cuando hacía frío en invierno, cuando no me dejaban salir a la calle, miraba a mi pobre amigo desde de la ventana del salón de nuestra casa. Quería mucho al viejito, con todo mi corazón de niña, y tenía la certeza de que él también me quería mucho a mí.

Así se pasaron los meses. Finalmente Cipriano aprendió a decir el avemaría, el padrenuestro, la breve oración al ángel custodio y el acordaos a nuestra Señora. Hice mi Primera Comunión. Y cuando al final del año escolar recibí como premio el bonito rosario blanco, el primero que tenía, fui corriendo al asilo a enseñárselo a mi querido protegido, y a enseñarle a rezar el rosario de nuestra Señora. Esta vez mi nuevo Amigo no se opuso como hizo las veces en que quise enseñarle al viejito a rezar usando el collar azul. Don Cipriano aprendió pronto a rezar el Credo, el padrenuestro, las avemarías y el gloria con las cuentas del rosario. Pero no se aprendió los misterios, pues su pequeña "catequista" tampoco los sabía. Así que yo leía el libro de oraciones —no sé cómo, pues todavía no leía con soltura— y él, el pobrecito, pasaba las cuentas.

A menudo mamá, desde la ventana, me veía acompañando al viejito, y me llamaba a casa, lo que me entristecía mucho. En esas ocasiones, le dejaba el rosario a Cipriano y le decía: "Don Cipriano, hoy, cuando se encienda la luz (me refiero a la luz de la calle), comience a rezar con las cuentas, mientras yo, en casa, leeré en *La llave del Cielo* lo que usted debe pensar. Nuestra Señora también lo sabe todo, lo oye todo, lo ve todo, al igual que su Hijo Jesús". Al día siguiente iba a por mi rosario. Esto sucedió muchas veces.

Mientras escribo esto, pienso en el cuidado paternal de nuestro Señor conmigo, pues en mi trato con aquel infeliz mendigo, tan descuidado —algo en lo que yo, niña, no reparaba—, enfermo, con sus males, ¿no podría haberme contagiado con una de sus enfermedades, de no haber sido por la especial protección del buen Dios? Recuerdo que en numerosas ocasiones besaba a nuestro Señor en la cruz de metal que el viejito llevaba al cuello, después de que él lo hubiera hecho.

* * *

Mi buen Dios, te doy gracias por tu paternal protección de mi cuerpo y mi alma. Mi Dios, que lo que escribo solo sirva para glorificarte.

El bautismo de Cipriano[8]

Un día, cuando estaba en casa leyendo los misterios del rosario y Cipriano estaba rezando con las cuentas de mi rosarito blanco, me asaltó la mente un pensamiento que por algunos momentos nubló mi alma: "La madre Rafaela dijo en clase que quien no se bautiza no puede entrar en el Cielo". Y con grandes lágrimas corriéndome por las mejillas, pensaba: "Mi pobre amigo don Cipriano, entonces, no podrá ir al Cielo para estar con nuestro Señor y ver a nuestra Señora, pues no está bautizado".

Como acostumbraba cuando me encontraba con estos dilemas (y también cuando cometía alguna falta), levantaba la cabeza, intentando ver el santo rostro de mi nuevo Amigo. Él estaba ahí, junto a mí, y aunque no le viese con los ojos, le veía, y sin oír su santa voz en mis oídos, le oía y le entendía mejor que a papá, mamá, la madre Rafaela o Acácia. Mis lágrimas pararon

---

[8] N. del T. de la versión inglesa: Es evidente que Cecy no conocía entonces, o no entendía todavía, que los laicos solo deben bautizar en caso de necesidad.

pronto cuando un nuevo pensamiento se llevó las nubes de mi alma: "Puedo bautizar a don Cipriano, sé cómo hacerlo, la madre Rafaela nos enseñó. Sé perfectamente cómo bautizar". Y reproduje en mi imaginación todo lo que debía hacer. ¡Qué pena que fuera de noche! Quería que el día siguiente llegara cuanto antes, y así poder darle a mi querido Cipriano la buena noticia de su próximo bautismo.

Al día siguiente fui al colegio. Por la tarde, ya libre, corrí al asilo, me subí a la ventana y le conté a don Cipriano lo que quería hacer con él. El buen viejito era muy, muy dócil y obediente con su pequeña catequista. Estaba siempre dispuesto y feliz de hacer todo lo que le pedía. Cuando le dije que para entrar en el Cielo y ver a Jesús con su santa Madre era necesario bautizarse —lo sabía porque la madre Rafaela nos lo había enseñado— y yo podía hacerlo, el buen viejito se alegró tanto, tanto, que de sus ojos empañados por la edad y el sufrimiento corrieron gruesas lágrimas. Le consolé como pude. Le dije que si dejaba de llorar, al día siguiente le traería una estampa de nuestra Señora que la hermana Eugenia me había dado. Y el buen viejito, dócilmente, sacó de debajo de la almohada un gran pañuelo a rayas rojas y se enjugó las lágrimas.

Empecé "mi instrucción" para prepararle para el santo bautismo diciendo: "Don Cipriano, la madre Rafaela nos dijo que el bautismo limpia todos los pecados de la gente mayor. Usted es gente mayor. Su alma quedará blanca, como quedó la mía el día de mi Primera Comunión". Con esto el viejito empezó a llorar de nuevo. Como sus lágrimas me afligían tanto, pues me provocaban tanta compasión que trataba de consolarle por todos los medios, y también para no ponerme a llorar yo, le decía: "Si se pone a llorar, no se gana la estampa". Y sacaba otra vez el gran pañuelo a rayas rojas.

Organicé su bautismo para un domingo y le dije: "El domingo es el día del Señor, el día en que voy a Misa. Por eso voy a llevar un bonito vestido para su bautismo. Acácia no me pone el vestido y los zapatos de pasear ningún otro día aparte del domingo". No sé decir el día del mes, solo sé que fue un domingo.

Preparé bien la "santa fiesta" de mi pobre amigo. Los invitados seríamos mi nuevo Amigo y yo. El día anterior al bautismo era sábado, y solo tuve colegio por la mañana. Fui a coger mi hucha del arca de Noé. ¡Ay! Solo necesitaba unas pocas monedas más para comprar el muñeco negrito, tan lindo, que se vendía en la tienda para niñas por doce cruzeiros. Era como si mi egoísmo se agitara, y me daba pena vaciar la hucha. Pero mi nuevo Amigo estaba allí. Levanté la cabeza para ver su santo rostro y, sin verlo, lo vi, y me di cuenta de que desaprobaba mi actitud: su santo rostro me miraba tristón.

Así que, decidida, vacié en mi regazo los diez cruzeiros brillantes que papá me había dado. En aquel momento me parecía que nada del mundo cambiaría mi decisión. Incluso si alguien me dijera: "Guarda el dinero, ahórralo y recibirás el precioso bebé negrito", lo cual era mi mayor deseo, no hubiera rectificado, porque mi nuevo Amigo influía más en mi voluntad que el resto del mundo. Por eso, sin decir nada a nadie, ni siquiera a Acácia, metí el dinero en el monedero que tenía desde hace poco y me fui a la confitería del señor Carvalho.

Mi nuevo Amigo ya no estaba triste con su amiguita. A la vuelta, llevando el bonito paquete con bombones, cigarros de chocolate y barras de chocolate envueltas en papel de plata, me sentía tan feliz como el día en que, en compañía de Acácia, cruzaba el río llevando el hermoso ramo de rosas blancas para nuestra Señora. Levanté la cabeza en más de una ocasión, intentando ver el santo rostro de mi nuevo Amigo, que ya no estaba triste, y le dije: "Será todo para don Cipriano. No cogeré ni uno para mí. Son para festejar el domingo, el bautizo de don Cipriano".

Llego a casa; nadie me vio entrar y nadie me había echado de menos. Lo hice todo con naturalidad, no sabía hacer cosas a escondidas. Sin embargo, gracias a Dios nuestro Señor, nadie se enteró de estas cosas. Entonces empecé a preguntarme: ¿Qué más falta? Llevaría todo nuevo y bonito: mi vestido nuevo, mis mejores zapatos y medias, un bonito lazo en el pelo, y así todo. Pero don Cipriano no tenía nada nuevo y bonito para su bautizo. Por un momento me quedé triste, hasta que rápidamente encontré solución al problema de la siguiente manera: Cipriano estaba siempre en la cama. Por eso, mañana le llevaría una de las bonitas camisas nuevas de mi padre, con el cuello y los puños almidonados, y una camiseta, y también un poco de colonia para que se la echara en las manos y en la cara.

Y así como lo pensé, lo lleve a cabo. Todo fue hecho con inocencia infantil. Solo ahora, en el convento, cuando conté este suceso y me preguntaron si le había pedido permiso a mi padre para llevarme la camisa y la camiseta, me di cuenta de que no había actuado del modo apropiado. Quizá fuera porque estaba acostumbrada a obtener de mi padre todo lo que le pedía, y sabía que él me daría todo, también lo que necesitara para el viejito. De lo que pertenecía a papá yo me consideraba también propietaria.

Finalmente todo estaba preparado. Después del baño, me fui corriendo al asilo con dos grandes paquetes. No los llevaba escondidos, pero nadie me vio. Debido a los paquetes, me costó mucho subirme al alféizar. Le di los dos paquetes a Cipriano a través de la ventana y entonces le expliqué lo que tenía que hacer, diciéndole: "Mañana tiene que ponerse esta bonita camisa nueva y debajo de ella, esta camiseta blanca nueva. En esta botella hay agua de colonia para que mañana se la eche en la cara y las manos, y así olerá muy bien".

Al oír estas palabras, el pobre viejito empezó a llorar. Para consolarle, le di el chocolate que era para el día siguiente. Pero entonces me dejó asombrada, pues se echó a llorar aún más fuerte. No me daba cuenta de que estaba llorando de agradecimiento y profunda emoción.

Así que le dije: "No llore, don Cipriano, que tenemos que decir las oraciones para mañana". Y ya no lloró más. Recé con él

54

todas las oraciones que me sabía de memoria: el Credo, el padrenuestro, el avemaría, el gloria, la oración al ángel de la guarda, el acordaos y el acto de contrición. Antes de irme, le dije que fuese bueno y que no mirara a la calle por la ventana. Hacía así como la hermana Irene el día de nuestra primera confesión, que nos decía: "Sed buenas y no andéis mirando para todos lados". El viejito prometió ser bueno.

Al día siguiente, que era domingo, asistí a la Santa Misa y leí casi todas las oraciones de *La Llave del Cielo* pidiendo por don Cipriano. Ciertamente, nuestro Señor debía reírse al verme. Cuando volví de Misa, le pedí a Acácia que me dejara seguir con el vestido nuevo. Acácia era muy amiga mía y no se opuso.

Estaba tan persuadida del gran acto que iba a realizar que mi corazón latía descontrolado. Fui a por la jarrita que mi madre me había comprado para mis viajes a la lechería. Aunque estaba limpia, pues estaba en el armario, la limpié de nuevo. Entonces la llené con agua del pozo y me dirigí hacia el asilo. Quería correr, pero no podía hacerlo con la jarra llena de agua. Coloqué la jarra en la ventana, y después me subí yo.

Ay, esperaba encontrar a don Cipriano muy elegante con su camisa y camiseta nuevas, pero, vaya, ¡ahí estaba él, con la suya! No me había acordado de que el pobre viejito era incapaz de vestirse solo, y no tenía quien le ayudara. Lo acepté. Miré a mi nuevo Amigo. Estaba contento, así que podría bautizar a don Cipriano, con su camisa vieja que, todo sea dicho, estaba limpia. Una vez más recé con él el acto de contrición. Ambos, el viejito y yo, éramos absolutamente conscientes de lo que queríamos hacer. Mi nuevo Amigo estaba ahí también. Le pedí al viejito que inclinara su blanca cabeza y así lo hizo. Entonces, arrodillándome sobre la ventana y con el corazón latiendo fuertemente, vertí todo el agua de la jarra sobre la cabeza del viejito, diciendo al mismo tiempo, como la madre Rafaela me enseñara, y asegurándome de que todo el cuero cabelludo quedase bien mojado: "Yo te bautizo en el nombre del Padre y del Hijo y del Espíritu Santo".

Después le dije al viejito: "De ahora en adelante se llamará José, en honor a san José". Y es que yo encontraba al viejito muy parecido a san José, con su largas barbas blancas. El pobre viejito comenzó a llorar de nuevo, y poniendo su mano buena sobre el gran crucifijo que le colgaba en el pecho, decía: "¡Buen Dios!, ¡buen Dios!, ¡buen Dios!". Fue así, lo recuerdo perfectamente.

Me llené de una gran felicidad, casi la misma que el día santo de mi Primera Comunión. Y mi nuevo Amigo estaba muy, muy contento conmigo. Cuando me despedí del viejito, le dije: "Tu alma y tu corazón están tan blancos como mi alma estaba el día de mi Primera Comunión". Siempre empleaba esta comparación cuando quería decir que algo era muy blanco.

¡Ay! ¡Poco sabía yo de lo que ocurriría al día siguiente! Ahora reconozco que para el pobre anciano supuso la felicidad suprema, pero como niña sentí solamente un gran pesar por la pérdida de mi pobre amigo. El día después de su bautismo, Acácia, como era su costumbre, fue a llevarle el desayuno al viejito. Estábamos todavía en la mesa cuando Acácia volvió al poco rato, con todo intacto, y le dijo a mi madre con gran tristeza: "Doña Antonia, ¡don Cipriano ha fallecido esta mañana!". A mi madre le dolió mucho y se lamentaba con gran pesar.

Y yo... solo el buen Dios conoce el gran dolor que sentí. Lloré la pérdida de mi pobre amigo, y durante largo tiempo le eché de menos. Mi madre no me dejó ir al asilo. No vi nada, ni sé cómo se lo llevaron. Cuando a mediodía volví de la escuela, no miré hacia la ventana de su habitación. La ventana estuvo cerrada durante muchos días, hasta que otro pobre vino a ocupar la habitación. Durante bastante tiempo, con triste nostalgia, recé el rosario con mis cuentas blancas por el viejito.

* * *

Buen don Cipriano, tengo la certeza de que gozas de la posesión de tu Dios y de mi Dios, y de que ahora conoces a su Santísima Madre. Tu pequeña catequista todavía vive en este mundo malvado, mientras que tú eres ya uno de los convidados de nuestro Señor en su gran banquete. Vendrás con mi Jesús.

El rosario en la pérgola

Después de que el buen viejito don Cipriano falleciera me surgió una dificultad. Me había acostumbrado a rezar el rosario con él, a media voz. Durante largo tiempo después de su muerte, rezaba por él con mi rosario, pero no rezaba con la misma facilidad como cuando lo rezaba con él. Cuando lo rezaba sola y en voz baja, me llevaba el doble o triple de tiempo, porque me distraía muy fácilmente y me encontraba empezando la oración una y otra vez. ¡Qué bueno sería, pensaba, si tuviese alguien que siempre quisiera rezar el conmigo, como don Cipriano! Acácia sabía rezar, pero siempre decía que no tenía tiempo. Mi hermana Dilsa rezaba conmigo el rosario algunas veces, pero nunca lo acababa, y decía: "Tú rezas el resto, que yo estoy cansada".

Así que normalmente tenía que rezar el rosario sola, empezándolo una y otra vez, y en muchas ocasiones se encendían las luces de la calle antes de que acabara. Los días que no había rezado el rosario de nuestra Señora no me quedaba contenta, pues pensaba: hoy la Madre de Jesús no ha recibido mi oración. Si no había rezado el rosario durante el día, no me podía dormir por la noche, porque me sentía muy contrariada. Por eso, en tales noches, cuando ya estaba en la cama, en cuanto Acácia apagaba la luz, me sentaba y rezaba. Solo entonces podía dormirme.

Deseaba superar esta contrariedad, que era muy penosa para mí y acudí a Isaura, una amiguita que vivía en la casa de al lado. Isaura era muy buena; le conté mis dificultades y le invité a rezar el rosario conmigo. Ella aceptó, diciendo: "Muy bien, pero vamos a la pérgola, porque si no se van a reír de nosotras". No entendía sus razones para ir a la pérgola, pero tampoco intentaba entenderlas. Así que fui con ella. Isaura rezó conmigo el rosario completo aquel día, y durante los días siguientes ella me mostró sus buenas disposiciones. Pero una tarde me dijo a mitad del rosario las mismas palabras que mi hermana Dilsa había dicho: "¡Ay, estoy cansada! No puedo rezar más, ¿por qué no jugamos?". No podía quedarme sola en la pérgola, porque no era de nuestra propiedad, y tuve que acompañar a Isaura, acabando después el rosario en la cama. Después de aquel día solo muy de vez en cuando Isaura me quiso acompañar a rezar el rosario.

La caja de bombones

Un día recibí del capitán Teixeira una pequeña caja de bombones muy bonita. La tapa tenía un elefante montado en una bicicleta cuyas ruedas se movían de verdad. Estaba radiante de felicidad. Pensaba que por nada del mundo entregaría aquella bonita caja, llena de grandes bombones. Pero, en el momento en que más la admiraba, me asaltó de repente un pensamiento: "Debo darle esta caja de bombones a Isaura, sin probar ni uno solo, porque me ha acompañado a rezar el rosario".

Pero tan rápidamente como me vino esta idea, la aparté a un lado, e inmediatamente le siguió otra, que fue: "No le voy a dar ni un bombón a Isaura, porque ya no quiere rezar más conmigo". Y entonces siento y percibo (no sé cómo expresarme) que mi nuevo Amigo me mira triste y serio, aunque no pueda verle. Como era mi costumbre en aquellas situaciones, levanté la cabeza para intentar ver su santo rostro. Estaba perpleja: ¡mi nuevo Amigo quería que le diera mi caja de bombones a Isaura! Ahora comprendo que había un combate entre mi voluntad de obedecer y mi egoísmo. Pero mi nuevo Amigo siempre vencía, y mi egoísmo, feo y mezquino, fue derrotado

Cojo la hermosa cajita y, como una flecha, corro a casa de Isaura. Allí, con gran alegría, le doy la cajita: "Esto es para ti, porque solo tú quisiste ayudarme a rezar el rosario". Isaura rezó el rosario conmigo aquel día y algunos más después. Sin embargo, más tarde dejó de acompañarme en el rezo.

Nunca fui capaz de encontrar entre mis amigas a nadie que quisiera rezar el rosario conmigo. Los años pasaron, pasaron, pero mi dificultad no pasó. Sin embargo, por gracia que me concedió la santa Madre de mi Jesús, recé siempre, siempre su santo rosario. Entré en el convento y en el postulado, para gran gozo mío, conocí a otra postulante, hoy la hermana Alfonsa, que siempre que podía me acompañaba a rezar el rosario a media voz. Le decía: "Gloria, me resulta muy difícil rezar el rosario sola; ¿te gustaría rezarlo conmigo?". Y empezábamos.

Como novicia esta dificultad desapareció, y es que se me dijo que no repitiera ningún avemaría. Gracias a Dios y a nuestra Señora, quedé curada y en numerosas ocasiones he rezado el rosario por don Cipriano, por mi hermana Dilsa, por Isaura y por la hermana Alfonsa. Es un pequeño tributo de la gratitud de mi alma. Sólo en el Cielo sabrán esas generosas almas del gran bien que me hicieron y de la felicidad y consuelo que me daban cuando me ayudaban.

4. *El año de mi confirmación*

En el año 1907 recibí el santo sacramento de la confirmación. Aquel día, como en los días de mi primera confesión y Primera Comunión, no quise jugar en la calle, no fuera a manchar mi alma. La casa en que vivíamos, frente al asilo, tenía un huerto grande. Me encantaba sacar mi sillita al huerto y sentarme debajo de un gran peral a leer el librito que había ganado como premio, *Historias para Niños*. El día de mi confirmación, en vez de salir a la calle me senté bajo el peral. Pensaba que sería un buen lugar para mantener mi alma y mi corazón libres de pecado. El día anterior fui a confesarme y por la mañana recibí la Sagrada Comunión. Era en aquel tiempo cuando sentía un temor muy vivo ante la posibilidad de cometer un pecado. Mientras estaba sentada con muy buenos modos, pasaba las páginas de mi libro. De repente, una larga fila de hormigas atrajo mi atención, iban y venían rápidamente, sin parar. Me senté en el suelo para observarlas mejor.

Y en aquel momento, tan ignorante era, realmente deseé ser una de aquellas hormiguitas. Si mi nuevo Amigo me hubiese preguntado por el motivo de tan singular deseo, le habría respondido sin dudar: "Las hormiguitas son mejores criaturas que yo, pues no cometen ningún pecado; nunca clavan espinas en la sagrada cabeza del buen Jesús. En cambio yo, si no tuviera a mi nuevo Amigo y a nuestro Señor en mi corazón, no haría más que cometer pecados".

Desde aquel día sentí un especial cariño por los animales, también por los más pequeños, y deseaba ser uno de ellos. Esta idea se mantuvo en mi cabeza hasta los diez u once años, más o menos. Estoy segura de que nuestro Señor no llevaba mal este deseo mío, bien sabía Él lo simple e ingenua que era su pequeña amiga. Y cuando pisaba sin querer alguno de estos pequeños insectos sentía un gran dolor.

No obstante, con el tiempo me di cuenta de que no todos los animales tenían buen carácter. Me decía "Ah, es que esos animales y bichitos no tienen un nuevo Amigo como el mío para avisarles antes de que cometan un pecado".

Bilac, el enorme perro guardián del mayor Reveillau, nuestro vecino, entró en nuestro huerto y mató dos conejos. Nosotros mismos teníamos una pareja de bulldogs que mi padre había recibido como regalo. Se llamaban Veneza y Nero. Este tenía buen carácter, pero Veneza, a veces, no. Cuando Acácia les daba de comer, Veneza comía a más no poder. Entonces, si Nero se acercaba a comer lo que quedaba, Veneza le enseñaba los dientes, le gruñía y ladraba; y el pobre Nero tenía que sentarse a distancia mientras Veneza, egoísta, hacía guardia delante de las sobras. "¡Qué mala!", pensaba yo. "Ya no puede comer más, y no quiere darle nada a Nero". También el gallo del gallinero se portaba mal con las pobres gallinas.

Estos sucesos y muchos otros que presencié los consideré en mi simplicidad como los pecados de los animales, y me quitaron por completo mi singular deseo de ser uno de ellos.

* * *

Y ahora, oh mi nuevo Amigo, para dar gloria a nuestro buen Dios y también a ti, mi santo y fiel protector y ángel, narraré como quise cometer pecados en innumerables ocasiones, y si no los cometí fue porque tú cuidabas fielmente de tu amiguita, y tu mano protectora evitaba que cayera.

La cesta de rapaduriñas[9]

Un tarde de verano Acácia nos llevó de paseo al campo. Íbamos las niñas del barrio, y esta vez también fue una, a la que llamaremos Nilce. Fuimos al prado. Cuando llegamos Acácia organizó unas carreras. Como era su costumbre, ella había traído una cesta de "cosas buenas" y nos dijo: "Quien gane tendrá premio". Y entonces nos enseñó lo que había en la cesta. ¡Qué alegría! Nilce corrió en todas las carreras, pero siempre perdía. Yo perdía también, pues en cuanto empezaba a correr me dolía el costado.

Después de las carreras Acácia nos dijo: "He traído muchas rapaduriñas. Los que hayan ganado recibirán dos. Los otros recibirán solo una. Primero, vamos a visitar a doña Manuela y después hago el reparto". Esta era una anciana negra, muy buena, que vivía en una casita cercana. Entonces fuimos a visitar a doña Manuela. Cuando llegamos allí Acácia dejó la cesta fuera de la puerta de la casa y entramos. Doña Manuela nos llevó a su pequeño jardín y cogió algunas flores para nosotros. Entonces Nilce me dijo: "Acácia es muy mala. Las rapaduriñas vienen de tu casa, y solo te va a dar una. Vayamos a la cesta y cojamos dos para nosotras". A mí me pareció que Nilce tenía razón, y pensé que tenía derecho a coger todos los pasteles si me apetecía. Así que nos apartamos del grupo y fuimos a la cesta. La abrimos, ¡había un montón! "Dos no es nada", le dije a Nilce. "Coge cuatro para ti, y cuatro para mí". Nilce cogió los suyos y los guardó en su bolsillo. Yo me incliné para hacer lo mismo, pero en aquel momento sentí en mi hombro la dulce, tierna, mansa y amable mano de mi ángel de la guarda. ¡Ah, mano tierna, mansa, amiga! ¡Santa mano, tan conocida por mí! Al punto me puse de pie y levanté la cabeza tratando de ver el santo rostro de mi nuevo Amigo, que me estaba mirando con tristeza. Le veía, no con los

---

[9] Son "rapadurinhas de leite", un dulce típico.

ojos del cuerpo, no como se ve a otras personas, pero le veía, aunque de otro modo.

Mientras tanto, Nilce me metía prisa, diciendo: "Rápido, que las otras están viniendo". Ella empezó a comerse a toda prisa todos los pasteles que había cogido. Había hecho desaparecer el último cuando Acácia volvió con los otros niños y encontró la cesta abierta. Yo estaba de pie junto a ella, pero Nilce se había escabullido. Acácia, enfadada, me coge de la mano y dice: "¡Avariciosa, te los hubieses comido todos! Ahora, las otras niñas recibirán sus pasteles y tú te vas a quedar mirando como comen".

Este castigo no fue muy duro para mí, pues me sentía verdaderamente dolida, sinceramente arrepentida del feo pecado que, era consciente, había estado a punto de cometer. En mi imaginación veía la espina que casi había clavado en la sagrada cabeza de nuestro Señor. Había mirado a mi nuevo Amigo muchas veces desde su santo aviso junto a la cesta. Solo se puso triste cundo estuve a punto de pecar. Ahora ya no estaba triste. Su grande, inmensa bondad era lo que más, mucho más, me conmovía y hacía más fuerte mi arrepentimiento.

Volvimos al prado, y allí Acácia repartió las rapaduriñas. Me quedé un poco aparte del grupo, como avergonzada por haber cometido una acción fea. Nadie, ni siquiera Acácia, supo del papel de Nilce en aquel drama. Cuando vi que Acácia iba a darle alguno de los dulces una ola de indignación y rebeldía me invadió, pues pensaba: "Acácia no tiene razón. Nilce cogió las rapaduriñas y se las comió, y ahora a Acácia le va a dar más". Por supuesto, con mi enfado se me olvidaba que Acácia, siempre tan justa, ignoraba lo que Nilce había hecho.

Indignada y enfadada como estaba, me decidí a acusar a Nilce, porque se reía de mí con los demás. Sin embargo, en cuanto me moví, sentí una vez más la santa mano de mi nuevo Amigo, impidiéndome ir más allá y hablar. Una vez más su rostro estaba triste. Mi arrepentimiento fue de nuevo instantáneo, y tan amargo para mí que empecé a llorar. Naturalmente, Acácia pensó que lloraba por el castigo recibido. Sintiendo lástima por mí, me llamó junto a sí.

Miré a mi nuevo Amigo, ¡y estaba contento otra vez! Mi emoción fue tan grande que corrí hacia Acácia. Lanzándome en sus brazos, me agarré a su cuello y lloré y lloré de dolor. Entonces Acácia me dio el resto de los rapaduriñas, pero no las probé. Por un largo tiempo después de aquello —creo que unos dos años— no probé ni una miga de aquellos deliciosas rapaduriñas que tanto me gustaban. Esta es la primera vez que he narrado este suceso.

La muñeca que perdió los ojos

Gané una gran muñeca en una rifa. Era tan grande que casi no podía cargar con ella. Por esto mi madre no me dejaba jugar con ella, no fuera a romperla. La muñeca siempre estaba en el sofá de la sala de visitas y era un tesoro para mí. Abría y cerraba sus ojos azules y, si la gente tiraba de una cuerda que tenía en el costado, decía: "¡Papá!, ¡mamá!". Acácia me llevaba a la habitación para jugar con la muñeca bajo su supervisión.

Mi hermanita Adayl era muy pequeña y empezaba a andar. Una vez, encontrando la puerta abierta, entró, se dirigió al sofá y tiró de la muñeca hacia sí. No sé cómo no sé rompió, pero poco después la vieron con la muñeca. Al volver del colegio, Conçeição me dice: "Mimosa, ve a la sala de visitas y échale un vistazo a tu muñeca. Adayl ha estado jugando con ella". Como ya era más mayor no me llamaban Dédé, sino Mimosa. Corrí inmediatamente a la habitación, y allí me encontré a la muñeca, no sentada, sino tirada en el sofá y en lugar de sus preciosos ojos azules con largas pestañas, dos horribles agujeros. Adayl había hundido los ojos con los dedos.

Ante aquel triste cuadro en un primer momento me quedo petrificada. Pero luego reacciono y mi indignación es tan violenta que se me saltan las lágrimas a borbotones, a la vez que pienso: "La voy a traer aquí, le enseñaré la muñeca y le daré unas cuantas bofetadas". Y salgo corriendo.

Al final del pasillo veo a Adayl gateando. Llorando de ira, no llego a alcanzar la puerta, pues siento la mano de mi nuevo Amigo (no sé si puedo decirlo de esta manera) que me impide continuar. Levanto la cabeza como suelo y me doy cuenta de que su santo rostro me mira con tristeza. Luego, como oyendo claramente su voz, consideré: "Lilinha hizo una travesura sin saber, y yo quiero pegarla porque estoy rabiosa". Me conmoví y lloré aún más, ahora no por la ira, sino porque una vez más había entristecido a mi nuevo Amigo. Y, bien lo sabía yo, si él estaba triste, el buen Jesús también lo estaba.

¡Ah, su santo rostro ya no estaba triste! Esto me llenó de una alegría mayor, mucho mayor, que la pena que sintiera al contemplar la muñeca.

* * *

Mi muy amado nuevo Amigo, una vez más, ¡muchas gracias! En este momento me doy cuenta de que evitaste que cometiera un mezquino acto de venganza. Y a ti, Jesús Misericordioso, yo te agradezco la gran gracia me has concedido: atender siempre la voz del único Amigo fiel que he tenido en este mundo, además de a ti y a tu santísima Madre.

5. Algunos sucesos del año 1908

Estábamos a principios del año escolar de 1908. Estaba muy de moda entre las niñas el tener una bonita caja para guardar estampas de santos y coleccionarlas. Rivalizábamos por tener la caja más bonita y el mayor número de estampas. Para mí y para las otras cada estampa tenía un valor inestimable, y el día que las hermanas nos daban alguna se convertía en una fiesta. De vez en cuando las niñas llevaban sus cajas de estampas al colegio y durante el recreo las enseñaban a las otras. Entonces nos cambiábamos las estampas.

Cierto día, Lucy, que se sentaba a mi lado en clase, trajo al colegio su preciosa cajita llena de estampas y nos las enseñó en clase. Durante el recreo comentábamos lo bonita que era su colección. Volvimos a clase. Durante la última hora, Lucy se fue de clase para recibir su lección de piano. Mientras estaba ausente, me di cuenta de que otra compañera metía la caja de estampas de Lucy en su bolsa. Vi esta acción de mi compañera pero, ocupada como estaba en mi tarea, no se me ocurrió hacer nada y pronto se me olvidó. Cuando acabó el colegio nos fuimos a casa.

En el recreo de la tarde había gran revuelo entre las niñas. Lucy echaba en falta su cajita y me acusaba a mí del robo. Entonces me acordé de lo que había ocurrido en clase por la mañana y me di cuenta de lo que mi compañera había hecho, robar la caja de estampas. En el patio del colegio había un gran grupo de niñas alrededor de Lucy, y yo estaba sola en el extremo contrario, humillada, incapaz de soportar los ojos que me miraban.

En un momento, instantáneamente surgió en mí un senti-miento de indignación y de rebeldía. En medio del grupo estaba la verdadera culpable y ella también miraba hacia mí. Por ahora la noticia del robo no había llegado a oídos de las hermanas. Llevada por mi indignación, pensé en llevar a cabo mi acusa-ción: "Le voy a contar a la madre Rafaela que fue X quien robó las estampas de Lucy; yo lo vi y ella les dice a todas que fui yo".

Sin embargo, ni siquiera pude dar un paso, pues sentí que mi nuevo Amigo se oponía a lo que pretendía hacer. Miré hacia su santo rostro, estaba triste. No entendía por qué se oponía a mi deseo de defenderme. Solo ahora entiendo el motivo, que creo que era este: Yo quería defenderme a costa de una acusación, aunque fuera verdadera. Mi nuevo Amigo venció una vez más a mi amor propio. Al acabar el recreo todas volvimos a clase, y yo quedaba bajo la pesada carga de la humillación, pues mis com-pañeras pensaban que yo había cometido aquel feo pecado. Sin embargo, el santo rostro de mi nuevo Amigo estaba alegre de nuevo. Esto era lo único que podía consolarme, tan grande era mi humillación y vergüenza.

Cuando volví a casa después del colegio, no le conté esta histo-ria a nadie. Esta era mi costumbre, no sé por qué, pero ni aún mis hermanas se enteraron. Algún tiempo después apareció en el sitio de Lucy la cajita de estampas. Entonces pensé: "Ciertamente, el nuevo Amigo de la niña que las había robado le debe haber orde-nado que devolviera la caja de estampas para que pudiera hacer una buena confesión y así ser de nuevo amiga del buen Jesús".

En el tiovivo

Una tarde al acabar las clases resultó que prácticamente todas las alumnas de la hermana Eugenia tenían dinero. Habíamos traído el dinero para la reunión mariana, pero no había habido reunión. Y surgió una idea: Vamos a la plaza a montar en el tio-vivo y después al quiosco para comprar macedonia.

La idea fue aprobada con un "¡Vamos!" unánime por parte de todas las niñas. La plaza estaba a bastante distancia del colegio y aún más lejos de mi casa. En medio del viaje de repente me di cuenta de una cosa: "Será tarde cuando llegue a casa y a mi madre no le va a gustar. Además, no sé cómo ir a casa sola". (Ese día mis hermanas no tenían clase por la tarde). Laila, una de mis compañeras, respondió a mis objeciones diciendo: "Todas vamos a llegar tarde, diremos que estábamos en el colegio". Todas estuvieron de acuerdo y yo también. Me encantaba ir a la plaza y montar en el tiovivo y, todavía más, comer macedonia del quiosco. Fuimos.

Montamos en el tiovivo después de haber tenido que esperar un poco, pues siempre estaba lleno de niños. Entonces fuimos al quiosco y disfrutamos de la macedonia. Habíamos salido del colegio a las tres y media, así que debía de ser tarde. L. y C. me acompañaron hasta la esquina donde vivía el Señor Delelis. Desde allí ya sabía volver a casa.

Hasta este momento todo había salido muy bien y volvía a casa feliz y tranquila con la cartera con mis libros en la mano. De repente algo me perturbó: Le iba a decir a mi madre que había estado en el colegio por la tarde para que no me castigara. Era la primera vez en mi corta vida, ocho años, que iba a mentir. Por eso, no fui consciente en un primer momento de que iba a decir una mentira y por tanto estaría cometiendo un pecado. En mi limitada inteligencia se acumulaban pensamientos contradictorios: "Todas las niñas van a decir lo mismo y tú también lo dirás así".

Mientras mi mente trataba de resolver este dilema, recordé la triste historia que la hermana Irene nos contara dos años atrás, en la preparación para la Primera Comunión: el niño pequeño que fue al purgatorio y tenía la lengua llena de alfileres con serpientes por haber mentido. En este momento mi nuevo Amigo, que me había acompañado a la plaza sin oponerse, me hizo mirar hacia arriba para ver su santo rostro. Lo sentía perfecta y sensiblemente, aunque no lo viera. Su santo rostro estaba muy triste porque deseaba clavar una espina en la sagrada cabeza del buen Jesús. El deseo de mentir a mi madre cambió inmediatamente, y resolví decirle dónde había estado.

Corrí y llegué a casa con el corazón latiendo fuertemente. Acácia había salido ya a buscarme. Le dije a mi madre sinceramente dónde había estado. A ella no le gustó, y me reprendió por ello. Sin embargo, mi nuevo Amigo estaba contento otra vez, de nuevo me sentía feliz. Durante mi infancia estuve tentada de mentir en muchas ocasiones, pero me salvaba siempre el pensamiento del castigo que aquel pobre chiquillo que fuera al purgatorio había recibido por mentir. No obstante, era mucho mayor la impresión que hizo en mí la advertencia de mi nuevo Amigo: que una mentira hería la sagrada cabeza del buen Jesús, que tanto me quería y a quien, por Su gracia, yo también amaba mucho.

El circo

En el año 1908 una compañía de circo vino a Jaguarão. El circo puso su carpa en una parcela dispuesta para ese fin, a tan solo dos calles de nuestra casa. De camino al colegio pasábamos cada día por delante del circo. Una noche mi padre nos llevó a ver la actuación. Mi padre dijo que las actuaciones no eran muy buenas y que le entrada no debería valer ni un céntimo, pero mi parecer fue muy distinto al de mi padre y al de mi madre. Aquello había sido la cosa más bonita del mundo y sentía inmensamente no poder ir a verlo todas las noches.

Me encantaban los perritos que se subían a lo alto de una escala y desde allí saltaban hasta una amplia sábana extendida por los ayudantes; la niña que caminaba subida a una gran pelota y la chica que se colgaba del trapecio, agarrada solo por los pies. Lo que más me gustaba, sin embargo, era el payaso feo, con la cara cubierta de polvo de arroz. Daba volteretas una detrás de otra y parecía una gran bola que rodaba.

Para mí estos artistas eran completamente distintos de la gente ordinaria, y en mi admiración yo los tenía en muy alta estima, pues no entendía cómo podían hacer todo aquello. Mi admiración se extendía incluso a los niños de mi tamaño que había en el circo. Cada día, cuando iba o volvía del colegio, el gran circo me atraía. Siempre quería pararme y espiar a través de la gran puerta. Mis hermanas tenían que tirar de mi mano para sacarme de allí.

Pensé: "Sería fantástico si mamá me dejara jugar con las niñas del circo. ¡Podrían hacer cosas bonitas para que yo las viera y podría ver al payaso de cerca!". Pero sabía que mi madre no me dejaría ir y que Acácia no me llevaría. Así que decidí: "El día que mis hermanas no tengan colegio por la tarde volveré sola a casa y entonces podré entrar en el circo". Todo ocurriría de acuerdo con mi plan.

Cuando volví del colegio sola, a las tres y media de la tarde, fui a la puerta del circo. Había muchos hombres, mujeres y niños allí, pero no pensé que estos fueran los artistas, pues estos siempre vestían con bonitos disfraces. Me dirigí a uno de los hombres que estaba en la puerta, con una gran pipa en la boca, y le dije: "¿Usted es el dueño del circo?". Ante su respuesta afirmativa, continué: "Me gustó mucho el payaso y también las niñas de mi tamaño que juegan con él". El hombre se rió, me cogió de la mano y me dijo: "Entonces ven, que te voy a llevar allá". Aún no había traspasado la entrada del circo cuando mi nuevo Amigo, fuertemente, me impide ir más allá. Tal es así, que sentí como si tiraran de mí en dos direcciones. De mi mano derecha tiraba el hombre que podía ver, y de mi mano izquierda, en la que llevaba la bolsa con mis libros, tiraba mi nuevo Amigo. No sé qué hizo mi nuevo Amigo. Solo sé que el hombre me soltó de repente, violentamente, y me dijo: "¡Vete de aquí, niña!".

Solo entonces me asusté y salí corriendo de aquel lugar. Cuando llegué a la esquina cerca de nuestra casa miré a mi nuevo amigo. Como su santo rostro no estaba triste, me olvidé pronto del incidente, pero desde entonces el circo me daba miedo y nunca fui otra vez. Hasta hoy, no sé por qué mi nuevo Amigo se opuso con tanta energía. Solo ahora, recordando aquello, me doy cuenta de que mi nuevo Amigo me salvó de un gran mal, al que me había expuesto por ignorancia.

* * *

Oh, mi santo y fidelísimo Amigo, una vez más te manifiesto mi gratitud, y alabo tu fidelidad y a mi Dios.

El broche perdido

El hecho que voy a relatar sucedió en el cumpleaños del mayor Reveilleau. Aquella noche el mayor dio un banquete y un baile, y papá me llevó. El punto de reunión era la casa del capitán Barcelos y desde ahí la gente iba a la casa del celebrante. En aquel tiempo tenía solo ocho años. Mi padre me dejó con el grupo de las mujeres y se unió al grupo de los hombres.

Salimos. Aquello era como una comparsa. Recuerdo bien cómo iba vestida y que llevaba enganchado en el pecho un broche con mi nombre. Había mucha gente. Me di cuenta de que se me había caído el broche y salí de la calzada y empecé a buscarlo en la cuneta. Mientras tanto, la gran multitud pasaba sin prestarme atención, pues estaba agachada, buscando el broche por el suelo. El grupo se alejó sin que ni ellos ni yo nos diéramos cuenta.

Después de haber buscado el broche durante un tiempo sin haberlo encontrado me rendí, y solo entonces me di cuenta de que estaba sola en medio de la calle, vacía y oscura. Oía a lo lejos el ruido de las voces que se alejaban. Asustada y desorientada, corrí de aquí para allá, no sabía hacia dónde debía ir.

Habría corrido dos manzanas cuando tuve que pararme de puro agotamiento, con un fuerte dolor en el costado. Descansé apoyada en la pared de una esquina. Hasta este momento no había visto a nadie, pero unos minutos después me di cuenta de que alguien venía hacia mí desde el final de la calle. Pensé que sería mi padre que venía a buscarme y quise correr a su encuentro. Sin embargo, mi nuevo Amigo, hasta entonces callado, me lo impidió, como me impidió ir con el dueño del circo. Yo acostumbraba a obedecer sin resistencia y volví al lugar en donde había estado descansando apoyada en la pared, calmada, sin miedo. Esperé tranquilamente a aquella persona que, lentamente, se aproximaba cada vez más. Ya lo distinguía. No era papá, papá no caminaba así. Era un hombre vestido con un poncho, que venía tambaleándose de un lado a otro de la calle, tropezándose a cada paso.

No tenía miedo. Mi nuevo Amigo estaba allí conmigo, pero esta vez no a un lado, como solía. Estaba delante de mí. Lo sentía sin verle con mis ojos. En cualquier caso, yo estaba quieta, conteniendo la respiración. El hombre iba a pasar a mi lado y mi nuevo Amigo quería que estuviera en silencio. Y así fue; al poco el hombre vino tambaleándose hacia donde yo estaba, murmurando palabras que no entendía. Pasó justo delante de mí. Su poncho me rozó las piernas, pero él no me vio.

Después de que el hombre pasara fui con mi nuevo Amigo a la casa del mayor Reveillau, que era nuestro vecino. Entré. Una banda de música tocaba delante de la casa, en la calle, en la que había mucho movimiento de curiosos que se aglomeraban. Nadie reparó en mí. Busqué a mi padre y cuando le encontré me di cuenta de que no había notado mi ausencia. Y solo ahora soy consciente de que aquel hombre era, sin duda, un borracho y de que una vez más mi fidelísimo nuevo Amigo me salvó de un peligro que desconocía.

6. La Semana Santa del año 1908

Solo en 1908 empecé a entender el verdadero significado de la Semana Santa. La hermana Irene nos narró los acontecimientos de la Pasión de nuestro Salvador, mostrándonos sucesivamente grandes imágenes con las dolorosas escenas de los sufrimientos de Jesús inocente. Cada escena que la hermana Irene nos relataba llenaba mi alma de compunción, y me llevaba a amar mucho más a mi buen Jesús y a detestar con horror el nefasto pecado, la única causa de los sufrimientos y muerte de mi Dios.

El cuadro de la coronación de espinas me causó tal impresión que esta escena permaneció grabada en mi alma durante toda mi infancia y juventud. Recuerdo, como si fuera hoy, la pregunta de la hermana Irene mientras nos enseñaba aquella dolorosa imagen. "Aún hoy, cada una de vosotras, como hicieron estos malos soldados, puede clavar una corona de espinas en la cabeza de Jesús. ¿Cómo podemos hacer esto?".

Fue mi hermana Dilsa la que respondió: "Cometiendo pecados voluntariamente". Al oír estas palabras se me quitó un gran peso del alma. Había sido mala muchas veces, muchas, y había cometido pecados, pero siempre sin querer. Y cuando había querido, mi nuevo Amigo me lo había impedido. Siempre que había estado tentada de cometer un pecado mi nuevo Amigo me lo había impedido. De seguro que la hermana Irene nos habló de la Cuaresma, pero sobre ese santo tiempo no entendí nada y no me quedé con nada. Solo la Semana Santa ocupaba mi pensamiento. Aguardaba su llegada con ansia "para poder ayudar a Jesús y evitarle sufrir tanto"; así pensaba con simplicidad infantil.

Finalmente llegó la Semana Santa. Asistí a la santa Misa con mis compañeras y recibimos las palmas bendecidas. Durante toda la Misa pensé y pensé en cuál sería la mejor manera de evitarle a Jesús tanto sufrimiento. Quería de un modo muy especial a mi hermana Dilsa. Cuando llegamos a casa la llevé enfrente de la gran cómoda sobre la que seguían el crucifijo y la pila y, como en confidencia, le propuse: "Hermanita, ¿también tú quieres ayudar a nuestro Señor durante la Semana Santa?". Y ella respondió: "Yo ya sé lo que voy a hacer y lo que voy a decirle a Jesús el Viernes Santo"

El lunes mi hermana pequeña salió a la calle y volvió con una gran tela de crepé. Ella me explicó que durante la Semana Santa, nuestra Señora y los santos estaban tristes y de luto. Por eso a los cuadros se les daba la vuelta y se cubrían con el crepé. Así lo hizo ella, y cubrió todas las imágenes sagradas con crepé, incluyendo el crucifijo y la pila.

Durante aquella Semana Santa mi alma de niña sintió un gran dolor por el buen Jesús y su santa Madre. El Jueves Santo recibimos la Comunión Pascual con las otras alumnas. Fue después de esta Comunión cuando descubrí lo que debía hacer para evitar que Jesús sufriera tanto. Supe entonces lo que iba a decirle a Jesús el Viernes Santo a las tres de la tarde, junto con mi hermana Dilsa.

Volvimos a casa. Aquella noche no pude dormir, tan grande era el dolor que sentía por mi Divino Salvador. Mi alma estaba absolutamente inmersa en aquel cuadro que la hermana Irene nos había mostrado, y que representaba a Jesús en agonía en el Huerto de Getsemaní. Llevaba a Jesús en mi corazón y sentía cómo sufría los amargos tormentos de su Pasión. Apretaba a Jesús en mi pecho. En mi deseo por ayudarle, en mi impotencia, no quise esperar hasta el día siguiente, Viernes Santo, a las tres de la tarde. A oscuras, me levanté. Caminaba a tientas, y cuando paraba ponía mis manos sobre mi corazón, pues sabía que Jesús descansaba allí, o más bien que Jesús sufría allí. Entonces, me fui al pie de la gran cómoda, y le susurré a Jesús de manera infantil: "Pobre Jesús, cuánto sufro por nuestro Señor. No quiero que todos esos pecados le causen tanto dolor. Le esconderé en mi pequeño corazón, que esos hombres malvados no sabrán que está conmigo, y yo no se lo diré a nadie. También es necesario que los hombres malos dejen de cometer pecados; yo le pido a Jesús que se lleve los pecados de los hombres y también los esconda en mí".

Rezaba así porque la hermana Irene nos había explicado que Jesús había sufrido por los pecados de todos los hombres, incluyendo los de cada una de nosotras. En mi mente de niña de ocho años pensaba que podría aliviar a nuestro Señor cogiendo los pecados que llevaba y escondiéndolos en mí. Seguro que con mi buena voluntad le di un pequeño consuelo a mi Divino Salvador en aquella noche de angustia. Recuerdo que estaba convencida de haber aliviado a Jesús. Llena de consuelo y de paz, volví a la cama y me dormí con la convicción de que Jesús estaba sufriendo menos.

Al día siguiente, Viernes Santo, fuimos a la iglesia. Mi gran preocupación era esconder a Jesús y los pecados de los hombres. En casa, un poco antes de las tres de la tarde, Dilsa me llamó y me dijo: "¿Ya sabes lo que le vas a decirle a Jesús a las tres?". No le había dicho a Dilsa lo que había hecho aquella noche, porque quería repetirlo a las tres de la tarde del Viernes Santo. Mi hermana y yo esperamos al pie de la cómoda a que el reloj diera la Santa Hora.

No puedo explicar lo que mi alma experimentó en aquel momento. Sentía y percibía vivamente la Divina Presencia en mi corazón y me llenaba de temor el pensar que si Jesús moría en mí le perdería hasta el Domingo de Resurrección. Impulsada por este temor, exclamé: "Oh, buen Jesús, no debes morir en mí, ni siquiera estos tres días". Y es que yo no podría estar sin Jesús o mi nuevo Amigo. Dieron las tres. Repetí la oración que dije la noche anterior y, qué alegría, Jesús no había muerto en mi corazón, quería esconderse allí, y esconder también los pecados.

Poco después mi hermana Dilsa me dijo entre sollozos. "Le he dicho a Jesús que preferiría morir antes de que la próxima Semana Santa a cometer un pecado voluntariamente". Solo ahora, con lágrimas de emoción, me doy cuenta de que el buen "Jesús moribundo" le concedió a mi hermanita la gracia que le pedía. Dilsa no llegó a ver otra Semana Santa. Murió en menos de un año, el 14 de enero de 1909, jueves. El reloj daba las tres de la tarde cuando mi hermana espiraba en el mismo lugar en que le había pedido a Jesús aquella gracia tan especial, al pie de la gran cómoda sobre la que estaban el sagrado crucifijo y la pila, pues tres días antes de su muerte el médico había ordenado que se le cambiara de cuarto y de cama.

Perdóname, buen Jesús, si no te he agradecido la gracia que le concediste a mi hermanita. Solo ahora, recordando lo sucedido, me doy cuenta de todo. ¡Jesús mío, cuánto te debo! Jesús mío, perdona mi ingratitud.

7. El golfillo

Para mayor realce de la misericordia que Dios tuvo conmigo, su pequeña criatura, y para exaltar la fidelidad y cuidados de mi nuevo Amigo, relataré ahora algunos sucesos que prueban lo limitado de mi inteligencia, casi nula, y lo poco despierta que era. Dios y mi nuevo Amigo podrían haberme ayudado en estas situaciones, pero no lo hicieron. Dejaron que actuara según mi pobre inteligencia me lo dictara, y así pudiera darme cuenta, aún hoy es así, de que todo, todo, se lo debo a Dios.

Una tarde estaba jugando en la calle con Inácia, que era dos o tres años mayor que yo. Esto era en el año 1910, cuando tenía diez años. Ya no vivíamos enfrente del asilo. Saltando a la comba, llegamos a la esquina junto a la casa de Inácia y nos paramos allí. Desde la esquina opuesta vimos que venía hacia la nuestra un chico de unos 14 o 15 años, uno de aquellos niños pobres a los que la gente llama golfillos. Le conocía de vista, pues cada día pasaba por nuestra casa; se dedicaba a repartir comestibles.

Inácia me dijo: "Mira a ese chico, si le dices ¡*gamba!* se convierte en una gamba; y si le dices ¡*caimán!* se convierte en un caimán". El chico pasó junto a nosotras, pero yo sabía que pronto volvería de nuevo con los comestibles. Entonces le dije a Inácia: "Luego se vuelve a convertir en niño, ¿no?". "Por supuesto", me respondió. "Los otros niños le llaman esas cosas todo el rato. Cuando vuelva a pasar por aquí, grítale ¡*gamba!* y ¡*caimán!* y ya verás". "No, solo le voy a llamar *gamba*, porque es un animalito pequeño. No le llamaré *caimán* porque ese es un animal malo, enorme y me voy a asustar. Además, al chico le va a costar mucho volver a transformarse". "¿El pobrecito no sufre con todo ese cambio?", le pregunté a Inácia. "No sufre nada... y además tampoco le importa".

Esperamos. Momentos después volvió el chico. Entonces Inácia me dijo: "Yo me quedo aquí en la puerta de la casa y tú te vas a esperarle a la esquina. Tiene que ser así. Si no, no se transforma".

Y yo, encantada con la idea de ver a un niño convertirse en animal, allí me fui. Cuando el chico estaba pasando junto a mí le grité: "¡Gamba!". Mi desilusión fue inmensa, pues el chico, en vez de convertirse en una gamba, me dijo muy enfadado: "Esta me la pagas, y bien que me la pagas". Inácia estaba escondida detrás de la puerta del jardín, riéndose a más no poder. Yo no entendía por qué se reía tanto. Por supuesto, ella sabía que el chico se ponía furioso cuando le llamaban así.

Algunos días después, cuando iba al colegio sola por la tarde, me cruce con ese chico por la calle. Nos reconocimos y me dijo: "Ahora verás quién es una gamba". Y me pegó en el brazo, echándose a correr después. Yo era muy melindrosa y, en vez de ir al colegio, volví a casa llorando y le conté la historia a mamá. Mamá se enfadó, no conmigo, sino con el chico, y dijo: "Debería haber venido a mí a quejarse, y no haberte pegado. Esto no puede ser".

Pasaron los días, no sé cuantos. Ahora éramos vecinos del comandante del regimiento y cada jueves había un concierto de la banda frente a su casa. Un jueves vi al chico que me había pegado, sentado con otros chicos, escuchando la música. Se lo dije a mi madre, que le dijo a Abelino que lo trajera a casa. Allí, en el mismo pasillo, el chico fue bien zurrado con la sandalia. Lloraba muy alto; yo, mientras, estaba en la veranda y Acácia me decía: "El chico se está llevando una buena por haberte pegado". Yo estaba a punto de responder: "Bien hecho", cuando mi nuevo Amigo me lo impidió. Miré buscando su santo rostro, y lo encontré triste. En ese instante mi alma se llenó de pena, de mucha pena, por el chico. Corrí hacia el pasillo para que Abelino parara de pegarle al chico, pero ya le había soltado.

Volví a la veranda, pero mi alma estaba ahora llena de aflicción, tanta que no pude contener las lágrimas. Acácia ya se había ido de la veranda, y entonces pude llorar por un tiempo largo de dolor y arrepentimiento. Pedí perdón al buen Jesús y a mi nuevo Amigo. Reconocí mi falta, diciendo: "Ese pobre chico ha recibido una tunda porque le dije a mi madre que me había pegado. Pero él me dio solo un golpe pequeño que no me dolió. Abelino, en cambio, es muy fuerte y le debe haber hecho mucho daño".

En ese momento hubiese querido confesarme, pero era jueves y tendría que esperar hasta el sábado. nuevo dolor para mi alma. Pensaba: "¡Si pudiese ver ahora al padre Godofredo, en el Instituto!". Pero era muy difícil. Estaba oscureciendo y pronto encenderían las luces de la calle. Acácia estaba ocupada en la cocina y Conçeiçao estaba poniendo la mesa. Pensé en ir sola. Huir. Miré entonces a mi nuevo Amigo, y qué grande fue mi alegría, inesperada, al comprobar que su santo rostro ya no estaba triste. ¡El buen Jesús ya me había perdonado, y mi nuevo Amigo también!". El sábado le confesaría todo al padre Godofredo.

Aunque la paz había vuelto a mi alma, un gran dolor y arrepentimiento permanecían en ella. Si entonces aquel chico hubiera aparecido delante de mí le habría dado mil pruebas de mi cariño. Pero, ¡ay!, en mi arca de Noé solo había una moneda. Decidí comprar cigarrillos de chocolate y llevárselos al chico al día siguiente. Fui a la confitería inmediatamente y volví con diez cigarrillos de chocolate dorados. Al día siguiente aguardé con ansiedad a que el chico pasara por delante de nuestra casa, pero no apareció. Le esperé otro día más y otro, pasaron muchos días, pero el pobrecillo no volvía. Lógicamente, tenía miedo de pasar por delante de nuestra casa. En mi mente infantil me imaginaba muchos motivos, todos menos aquel. Incluso pensaba que Abelino le había pegado tan fuerte que estaba herido, o incluso muerto. Todo esto me asustaba y me avergonzaba.

Pasaron algunas semanas y un día en que estaba fuera vi al chico que pasaba por la calle. Sin dudarlo corrí hacia él y le dije: "Tengo una cosa para ti, espérame que la voy a buscar. Sentí mucho que Abelino te pegara, me dio mucha pena, ¿sabes?". El chico me miraba desconcertado, pero no se opuso a esperarme. Ya no tenía los cigarrillos de chocolate, pero había algo de dinero en el arca de Noé. La cogí rápidamente y salí corriendo de vuelta a la calle, pues temía que el chico se hubiese marchado. Sin embargo, él seguía ahí cuando volví. Le di todo, el dinero y el arca. Se puso muy contento y se fue agitándola, mientras que yo, sintiendo una dulcísima paz en el alma, me quedé en la esquina con mi nuevo Amigo, mirando al chico hasta que desapareció.

8. Mi automóvil

En el año 1910 papá fue transferido a la guarnición militar del Alto Uruguay, mientras que los niños nos quedamos en Jaguarão con mamá. Separarme de mi padre fue muy doloroso para mí. El año anterior la muerte me había separado de mi hermana Dilsa y ahora, aunque no tan definitivamente, tendría que separarme de mi padre, a quien quería más que a nadie, salvo Jesús, su santísima Madre y mi nuevo Amigo.

Bajamos al muelle para despedirnos de mi padre. Entramos en el barco. Cuando este dio la primera señal avisando de la partida, el dolor que sentí por separarme de mi papá fue tan vivo que creí que me iba a morir. Me abracé a su cuello, llorando sin control. Y cuando, este fue el momento más angustioso, oí la sirena sonar por segunda vez, seguro que hubiera desfallecido de dolor, de no ser porque la santa mano mi nuevo Amigo me hizo desprenderme de mi padre. Yo le dejé hacer sin resistencia. Mis ojos se secaron como por encanto. Miré a mi padre y a mi nuevo Amigo, quien, con su dulcísima voz, me susurró, no en mis oídos, sino en mi corazón y mi alma: "El buen Jesús así lo quiere".

Si en aquel momento hubiese dependido de mí quedarme con mi padre no lo habría hecho por nada del mundo. Yo quería al buen Jesús y a mi nuevo Amigo más, mucho más, que a mi padre. Por eso, cuando el barco dio la última señal, me bajé del barco sin derramar más lágrimas. Desde allí, mientras el barco soltaba amarras, despedía con el pañuelo a mi padre, de quien, minutos antes, me había parecido imposible separarme.

Pasado algún tiempo mi padre obtuvo un permiso para pasar una temporada en Jaguarão. Me trajo como regalo un precioso autovelocípedo. Esto fue para mí algo extraordinario. Cada día, después de volver del colegio y acabar los deberes, me iba a pasear en "auto" de un lado a otro de la plaza. La calzada de piedra, sin embargo, no estaba pensada para que el autito se deslizara suavemente. En muchos sitios las losetas estaban rotas y tenía que desviarme.

Un domingo, Zita, una amiguita mía, vino a visitarme. Había traído su triciclo y me dijo: "Vamos a la plaza. Está perfecta para montar. Las calles son largas y anchas y el suelo es de mosaico". Los domingos y los jueves por la tarde era costumbre que la gente de la ciudad se congregara en la plaza. Una banda de música tocaba en el estrado que había en el centro de la plaza. Alrededor paseaba de aquí para allá una multitud de chicas, chicos, mujeres y niños, mientras que en el centro había grupos de gente sentados en las mesas del bar o del quiosco. El tiovivo giraba lleno de niños.

Mi madre nos dio permiso y Acácia vino con nosotras. Esta era la primera vez que participaba en el paseo. Cuando llegamos a la plaza, pedaleé en mi autito de aquí para allá. El auto se deslizaba ligero, suave, sin tener que parar y arrancar de nuevo. Volví a casa encantada. Quedé con Zita en volver a la plaza cada domingo por la tarde. Dicho y hecho. Dos o tres domingos después aquello era una verdadera "cabalgata" de triciclos girando alrededor de la gran plaza ajardinada.

El año 1909, el padre Godofredo Evers fue nombrado confesor de las alumnas de nuestro colegio. Era uno de los profesores del Instituto Espíritu Santo. Este instituto se hallaba en la plaza principal de la ciudad. Un sábado en la confesión, este buen sacerdote me dijo: "Cecy, no me gusta que los domingos vayas a pasear a la plaza. ¿Entendido?".

Lo entendí perfectamente, pero durante la semana me olvidé de que al padre no le gustaban mis visitas a la plaza. Cuando llegó el domingo por la tarde, me fui en mi automóvil a aquel lugar que tanto me atraía, era lo que más me gustaba. Sin embargo, aquel domingo vi a mi confesor, en el balcón, un poco alejado y medio oculto por el gran repostero granate. El también me vio y me reconoció, pues me hizo una señal con la mano. El sábado siguiente me volvió a hablar de las visitas a la plaza, pero cuando llegó el domingo y Zita y otras niñas vinieron a buscarme con sus triciclos se me olvidó completamente que a mi confesor aquello no le gustaba. Mi nuevo Amigo todavía no se oponía a mi plan, así que me fui con mis amigas llena de alegría.

Encontramos la plaza llena de gente y vi al padre Godofredo en el mismo sitio, rezando o leyendo un libro. Él se dio cuenta de que estaba allí, pues cada vez que pasaba por donde él estaba miraba hacia mí. Él se sonreía al verme tan contenta, y sus advertencias no aparecían por mi mente en absoluto.

De repente oí un griterío al pie de la estatua de la Libertad erigida en el centro de la plaza. Todo el mundo corría para allá. Perdí de vista a Acácia, pues ella estaba en el otro lado de la plaza y siempre nos distanciábamos. Nuestro grupo de triciclos se paró y dijimos: "¡Vamos a ver qué pasa!". Algunas ya corrían hacia el centro de la plaza en dirección a la estatua.

Excitada, empecé a bajarme del auto para correr con las otras. Pero no pude dar ni un paso. Una vez más la santa mano de mi nuevo Amigo estaba sobre mi hombro, suavemente, pero sujetándome con fuerza para que no me moviera. Mis ojos buscaban su santo rostro y giraba la cabeza hacia la derecha. Todo esto ocurría muy deprisa. En ese momento yo estaba junto a la puerta del instituto. A la vez que noté que el santo rostro de mi nuevo Amigo estaba triste vi al padre Godofredo bajar corriendo la gran escalera de entrada al instituto y cruzar la plaza hacia mí con largos pasos.

No entendía nada de aquello. Me había quedado sola, inmóvil en mi confusión. El padre Godofredo en tono de benevolencia pero con severidad me dijo: "Vete a casa inmediatamente y nunca vuelvas por aquí. El buen Jesús se va a poner triste". Solo entonces me vino claramente al pensamiento no un deseo de mi confesor, sino una orden que me había dado el buen Jesús y que no había obedecido.

Mi alma de niña se llenó de sincero arrepentimiento y entre sollozos le dije a aquel santo sacerdote: "Padre, no sé dónde está Acácia y no sé ir a casa sola. ¿Usted me puede llevar?". Y aquella gran alma de apóstol, venciendo tal vez todo respeto humano, me cogió de la mano y con la otra empujando el autito, me llevó para casa, dejándome en la esquina. Al separarnos me dijo: "Ahora vete, con la bendición del buen Jesús y con la protección de tu ángel de la guarda". "Muchas gracias", respondí, "nunca más volveré a ser desobediente".

Había caminado apenas unos pasos cuando oí la voz de Acácia que me llamaba. La esperé. Cuando me alcanzó le dije con franqueza: "Quería irme a casa y como no te veía le pedí al padre Godofredo que me trajera". Me quedé sorprendida ante la cara de estupefacción que puso Acácia, que, abriendo mucho los ojos, exclamó indignada: "¡Mira la señorita qué poco respeto tiene! ¡Es que tú piensas que el señor padre es tu criado!". Tal observación hizo aumentar mi arrepentimiento por mi desobediencia. Acácia se lo contó a mamá y mamá se lo contó a papá.

Al día siguiente papá le escribió una nota al padre Godofredo y yo misma fui con Acácia a llevársela. Recuerdo que varias noches antes del siguiente domingo lloré en la cama de arrepentimiento por haber entristecido al buen Jesús y a mi nuevo Amigo. Su santo rostro ya no estaba triste, pero tal bondad me conmovía aún más. Al sábado siguiente me confesé de mi desobediencia con el padre Godofredo y prometí no volver nunca más a la plaza. Gracias a Dios cumplí fielmente esta promesa. Al día siguiente, en vez de ir a la plaza a la hora del paseo, el autito se quedó en casa y yo fui a la parroquia como me había mandado el padre. Allí, delante del altar de nuestra Señora, recé mi rosario por todos los niños de Jaguarão.

9. Madrina de confirmación por primera vez

Estábamos en 1911y por primera vez iba a ser madrina. Mi pequeña ahijada era la hija de nuestra lavandera, se llamaba Elizabet y era una chiquilla de unos cinco años. Iba recibir la confirmación durante la próxima visita del Sr. Obispo, que era el mismo que me había confirmado a mí. Me daba mucha alegría ser madrina y esperaba con ansia el día de la confirmación. Estaba muy feliz y pensaba con frecuencia en la seriedad del compromiso que iba a asumir.

El día previsto salí pronto con mi ahijada hacia la parroquia. Sabía bien cómo llegar sola y además Acácia no podía acompañarnos. El padre Domingos, el vicario, me explicaría todo lo que necesitara saber. Llevaba en mi cartera el estipendio, que eran tres cruzeiros. Llegamos a la iglesia sin problemas. Madrina y ahijada, radiantes.

Cuando llegamos frente a la iglesia vi una gran multitud de gente. Me alegré; desde luego el señor obispo ya estaba allí. A Zabeta, sin embargo, no le ocurrió lo mismo. Cuando le di la buena noticia, pensando que esto le alegraría, la chiquilla estalló en lloros y gritos. Tenía miedo del señor obispo. Le hice mil promesas, la cogí en brazos… y ella lloraba y gritaba aún más alto. Le dije que el obispo era santo, que era bueno y que le gustaban mucho los niños. No sirvió para nada. Cuanto más nos acercábamos a la iglesia, más lloraba Elizabet.

Esto hizo desaparecer mi alegría. "Pues bien", le dije, "no iremos a ver al señor obispo. Yo misma puedo confirmarte *en caso de necesidad*[10], como hice para bautizar al señor Cipriano". Pero esta era una idea equivocada que tenía con once años. Pensaba, erróneamente, que la confirmación podía ser administrada de la misma manera que el bautismo. No obstante, me parece que nuestro Señor no juzgó muy estrictamente aquella gran ignorancia de su amiguita y su presunción de querer hacer las veces del señor obispo.

Me senté con Elizabet en uno de los bancos que había alrededor de la plaza de la iglesia y allí empecé a explicarle algunas nociones sobre la confirmación. Tengo la seguridad de que mi nuevo Amigo no permitió que le enseñase ninguna herejía a aquella almita. Él estaba allí y su santo rostro no estaba triste, pues miré hacia él más de una vez. Intenté en tres o cuatro ocasiones que Zabeta entrara en la iglesia conmigo para ver al señor obispo, pero en cuanto lo mencionaba empezaba la llorera de nuevo. Esperé un tiempo largo hasta que el señor obispo y la gente se fueran de la iglesia. Entonces Elizabet accedió.

Entramos en la iglesia, ya vacía. Me dirigí al altar de nuestra Señora, cuya imagen tanto me hablaba al corazón. Se trataba de una hermosa estatua de tamaño natural que representaba la Inmaculada Concepción. Elizabet y yo nos arrodillamos frente a la estatua y rezamos. Allí, con Zabeta, recé el acto de contrición, después de haberle prometido a nuestro Señor y a nuestra Señora que nunca más cometeríamos pecados, y haber pedido perdón por nuestros pecados pasados. La pequeña repetía dócilmente todo lo que le decía, con las manos juntas.

Dejando el altar, me dirigí al baptisterio que estaba a la derecha, pero en la gran pila de mármol no había agua bendita. Fui entonces a la pila de la puerta de entrada, con el corazón latiendo fuertemente de la emoción que sentía en aquellos momentos.

---

[10] El ministro ordinario de la confirmación es únicamente el obispo. El ministro extraordinario es el sacerdote a quien se ha concedido este poder por el derecho común o por un indulto apostólico. A un laico no le es posible administrar el sacramento de la confirmación (N. del E.).

Me arrodillé con la chiquilla y recé de nuevo con ella el acto de contrición y todas las otras oraciones que me sabía de memoria. Me puse de pie y sumergí la mano en la pila para coger bastante agua bendita. Me arrodillé de nuevo y con el agua tracé una cruz en la frente de la niña mientras decía al mismo tiempo, con una fe ardentísima: "Yo te confirmo en el nombre del Padre, y del Hijo, y del Espíritu Santo. Amén".

Exultaba. Con fe infantil, contemplaba a la chiquilla, que ahora me parecía incluso más guapa. Imaginaba, o mejor, veía con los ojos de la fe, que su pequeña alma estaba ahora libre de la más mínima mancha de pecado. Llena de alegría, le dije, usando mi comparación: "Ahora tu alma está blanquita, tan blanca como estuvo la mía el día de mi Primera Comunión".

No sé por qué, pero durante toda mi vida he conservado un recuerdo muy vivo de la blancura de mi alma el día de mi Primera Comunión. Solo ahora, desde 1935, ha desaparecido de mi interior lo que era para mí un deleite, el saber que tenía dentro de mí a Aquel que es la Blancura Incomparable, el Dios de mi alma. Desde entonces, con Jesús escondido, tengo la "real y dolorosísima convicción de tener el alma tenebrosa, oscura, en las espesas tinieblas del pecado".

Pero debo continuar con la historia. Con Elizabet ya confirmada, la llevé al primer banco, desde donde le señalé el Sagrario, o la "Santa Casita" en la que vivía Jesús. Entonces nos fuimos de la iglesia. De repente recordé que tenía tres cruzeiros en mi cartera, que ya no eran necesarios. Podría comprarle bombones a mi ahijada. Fuimos a la confitería y los tres cruzeiros se transformaron una bonita caja de bombones. Feliz, se la di a Elizabet.

Nos dirigimos a casa. No habíamos ido muy lejos cuando me di cuenta de una cosa: "¡Pero si he comprado los bombones con dinero santo!" (así llamaba a todo dinero destinado a la Iglesia o a los pobres). Ahora pensaba que debería haber puesto el dinero en la hucha que hay a la entrada de la iglesia. Este pensamiento me incomodaba mucho. ¿Y ahora qué hago? Podría llevarle los bombones al Señor Carvalho y pedirle que me devolviera el dinero. Entonces podría darle otros tres cruzeiros distintos a Zabeta, pero me di cuenta de que en mi cartera no había más dinero.

Estaba perpleja. Mi inteligencia era bastante limitada y estaba convencida de que tenía que poner en la hucha de las limosnas el mismo dinero que mi padre me había dado para el señor obispo. Finalmente decidí volver a la confitería. Allí, con total sinceridad y las lágrimas cayéndome por las mejillas, le expliqué mi problema al señor Carvalho. Para mi sorpresa, el bueno del señor Carvalho se puso a reír y a reír. Cogió el paquete de bombones que le había devuelto y me lo entregó diciendo. "El señor Carvalho te regala los bombones".

Yendo a la caja, me trajo el mismo dinero que yo le diera. Radiante, le di las gracias al buen confitero y corrí con Zabeta de vuelta a la iglesia. Feliz, deposité el dinero en la hucha. Experimenté un gran consuelo y felicidad. Este incidente fue muy provechoso para el resto de mi vida en el mundo. Desde aquel día, jamás usé dinero, por muy pequeña que fuese la cantidad, sin preguntar primero por su origen y destino.

Un tiempo después Elizabet fue "nuevamente" confirmada por el señor obispo y yo fui su madrina de verdad.

10. Aprendiendo a hacer sacrificios

En 1911, cuando volvió a casa por vacaciones, mi padre me trajo un bonito juguete. Se trataba de una campesina que guiaba un rebaño de gansos que iba por delante de ella. Cuando se tiraba del carrito la chica daba palmadas y los gansos movían las alas. Me gustaba muchísimo este juguete. Acácia me dio un ovillo de hilo y lo até al carrito, que ponía en la esquina de la casa. Caminaba hasta el otro extremo de la calle desenrollando todo el ovillo. Entonces enrollaba el hilo de nuevo y así tiraba del carrito, que iba desde mi casa hasta donde yo estaba. Me encantaba, y cada tarde se me podía ver en la acera entretenida con este juego.

Una tarde me di cuenta de que cada vez que iba de una esquina a otra me acompañaba un negrito medio desharrapado, de unos siete u ocho años. Miraba cómo jugaba con el carrito con vivo interés, y cada vez que se caía corría para ponerlo derecho. Empezaba a agradarme el ver que mi "precioso carrito" le causaba tanta admiración al negrito. Dos o tres días después el chiquillo estaba allí como de costumbre, observándome y acompañándome, pero esta vez me ofreció una naranja y me dijo: "¿La señora me cambiaría esta naranja por su carrito?".

Esta propuesta me cogió de sorpresa y respondí algo arrogante: "Mi carrito vale mucho más que todo un saco de naranjas, y yo tengo todas las naranjas que se me antojen". El chiquillo no respondió, pero no había hecho más que decir estas palabras cunado sentí la santa mano de mi nuevo Amigo sobre mi cabeza. Quería decirme algo. Escuché su voz, que me hablaba al alma, y lo que oí me dejó perpleja: debía darle mi carrito, el precioso juguete que mi padre me había regalado y que tanto me gustaba, al negrito desharrapado. Como un relámpago me vino un pensamiento a la cabeza: "No puedo dárselo, papá me lo dio a mí". Pero, como un relámpago también, a este pensamiento le sucedió otro: "El buen Jesús quiere que se lo des". Miré a mi nuevo Amigo. Su santo rostro no estaba triste, pero sí serio, como esperando mi decisión.

Miré decidida al chiquillo, que, con la naranja en la mano, miraba al carrito extasiado y le dije: "Te lo doy, el carrito es para ti". Enrollando el ovillo rápidamente, me traje el carrito hacia mí y se lo di al chico. Por un instante dudó, como si no se creyera que se lo regalaba. Por fin le convencí y lo aceptó. Miré de nuevo a mi Amigo. Su santo rostro ya no estaba serio, sino que mostraba aquella "dulzura" que me hacía tan feliz, pues aquella "dulzura" quería decir que Jesús estaba contento con su amiguita. No sabía cuál de los dos estaba más contento, si el negrito o yo; pero ahora, cuando recuerdo aquella escena, me doy cuenta de que era yo la que estaba más feliz, incomparablemente más feliz. En aquel momento mi nuevo Amigo me hizo ver que había respondido con dureza al chiquillo. Lloré este pecado y el sábado lo mencioné en mi confesión. Por consejo del padre Godofredo, el siguiente domingo le llevé al padre Domingos el juguete que más me gustaba, para los niños pobres de la clase de catecismo. El padre Godofredo me había dicho: algún juguete viejo. Cuando los estaba metiendo en una caja de cartón, escogiendo las muñecas sin un brazo o sin un pierna, la taza rajada o sin asa, el gallito que ya no pitaba o una pelota descolorida, sentí que mi nuevo Amigo ponía su santa mano sobre mi cabeza.

Me paro y escucho su dulcísima voz... ¡El juego de té de doce piezas que el coronel Ferreira me había traído de Río! Sin haber jugado con él ni una sola vez, lo puse con los juguetes viejos y le llevé la bonita caja roja al padre Domingos, pues la "dulzura" en el santo rostro de mi nuevo Amigo tenía, para mi alma de niña, más valor que los juguetes más caros del mundo.

* * *

Cierto sábado a comienzos del año 1912, el padre Godofredo, que era el director de la Congregación Mariana, me comentó en la confesión que le alegraría mucho que aquel año recibiese la Medalla de la Congregación, pero que había un impedimento: todavía no tenía la edad, o al menos carecía de la capacidad intelectual necesaria. No obstante, él me dijo: "Vamos a empezar desde hoy a rezar, y Cecy va a ofrecer pequeños sacrificios para que nuestra Señora, el 8 de diciembre, le alcance esta gran gracia".

Salí del confesonario radiante, como si ya hubiera recibido la medalla, tan bonita, con la cinta azul. Esta ilusión continuó en mi mente algunos días, que pasaron sin que ofreciera sacrificios en honor de nuestra Señora, como mi confesor me había dicho. Por fin, volví a la realidad. Por lo que se refería a rezar, sabía bien lo que haría. De todas las oraciones que conocía no había ninguna mejor o más poderosa que el rosario. Jamás dejaba pasar un día sin rezar el rosario y, gracias a nuestra Señora, puedo decir que he seguido así hasta hoy. La dificultad estaba en los pequeños sacrificios. No sabía qué sacrificios debía hacer para agradar a la Madre del Cielo. Hice algunos, pero sentía que no eran esos los que nuestra Señora quería.

Ahora es preciso que cuente algo: me encantaban los dulces, los caramelos y sobre todo el chocolate. Por decirlo con sinceridad: era golosa. Acácia conocía mi punto débil y, cuando me venían, satisfacía mis antojos con una buena ración de mermelada, natillas con canela, un puñado de pasas o cualquier cosa que encontrase a mano. A falta de dulces, o si Acácia no me los podía dar, yo misma entraba en la despensa, me hacía un gran cucurucho de papel y lo llenaba de terrones de azúcar, que me sustituían bien a los caramelos.

Una tarde llené un cucurucho de terrones, cogí el primero y me lo llevé a la boca; pero entonces sentí que la santa mano de mi nuevo Amigo me impedía acabar el movimiento. Miré hacia su santo rostro, y encontré aquella expresión de seriedad que conocía tan bien. Sin entender por qué había frenado mi brazo, vacié el cucurucho en la gran lata del azúcar. El santo rostro de mi nuevo Amigo había perdido su seriedad, que se había transformado en esa incomparable "dulzura" que tanta alegría y felicidad me daba. Pero no entendía por qué me había impedido tomar azúcar.

Pasaron los días y una tarde en que estaba en el porche ocupada con mis tareas del colegio, aparece Acácia con un plato de membrillo asado en almíbar. Me alegré muchísimo, y se lo mostré abrazándola del cuello. Acácia puso el platito con el membrillo en la mesa y volvió adentro. Cogí de la parte ya cortada y clavada en el palito y me la llevé a la boca, pero de nuevo mi brazo fue frenado por mi nuevo Amigo. Miro a su santo rostro, ¡serio! Entonces lo entendí todo: "Me encantan los caramelos y cualquier cosa con azúcar. He de privarme de estas cosas. Este es mi pequeño sacrificio para nuestra Señora. Esto y solo esto es lo que mi Madre del Cielo quiere a cambio de la bonita medalla con la cinta azul".

Para no alargar demasiado este capítulo, solo diré que desde el día siguiente (mediados de marzo de 1912) hasta el 8 de diciembre del mismo año, no tomé ni el más pequeño terrón de azúcar ni dulce de ningún tipo. El P. Godofredo me dijo: "Toma azúcar solo para el café", y así fue. Sé que la Santísima Virgen aceptó este pequeño sacrificio de su hijita, porque el 8 de diciembre me recompensó con la bonita medalla y la cinta azul.

Aquel día, el padre Godofredo me dio una estampa de nuestra Señora y me dijo: "Cecy, hoy puedes comer todos los dulces que quieras, y a nuestra Señora le dará mucha alegría". Volví a casa. Los días de fiesta, mi fiel y buena Acácia no dejaba de sorprenderme con algún "bocadito", como ella lo llamaba. Cuando salí al porche encontré un plato con ciruelas rellenas de coco en el lugar donde solía estudiar. Entonces comprobé con sorpresa que la "golosa" Cecy había perdido su defecto por completo.

* * *

Es a ti, oh Santísima Virgen, y a ti, mi fidelísimo nuevo Amigo, a quien todo lo debo. Amén.

11. Censura angélica

Durante las vacaciones de 1911 a 1912, mi padre, aconsejado por el médico sobre la conveniencia de tomar baños de agua salada en el mar durante el mes de febrero, decidió enviarme a Santa Vitoria do Palmar. Me fui para allá poco después de que acabara el colegio, en la segunda mitad de diciembre, y viviría con la familia de doña Nayá, una señora que era amiga de mis padres. Tenía dos hijas internas en nuestro colegio en Jaguarão. Separarme de mi familia me costó muchísimo. Más de una vez sorprendí a mamá y Acácia llorando cuando preparaban mis maletas. Esto hacía que me entristeciera más la próxima separación.

Papá me acompañó al muelle. Allí, las dos hijas de doña Nayá y yo fuimos puestas al cuidado de cierto coronel. La cena de despedida había sido muy triste. El vapor había de partir a las dos de la tarde y aquella mañana, bien pronto, Acácia me había llamado para ir a Misa, donde comulgué. Así no viajaría sola: Jesús y mi nuevo Amigo me acompañarían. Desde mucho antes del viaje andaba con miedo, temiendo inocentemente que mi nuevo Amigo no pudiera acompañarme porque algún motivo importante se lo impidiera. Pero no sucedió así. El padre Godofredo me dio una estampa del santo ángel de la guarda en la que estaba escrita una hermosa y breve oración que me sabía de memoria y que recitaba por la mañana y por la noche:

Santo ángel del Señor,
mi celoso guardador,
si a ti me confió la piedad divina;

sé siempre luz que me ilumina;
mándame, guárdame y guíame. Amén

Tuvimos un buen viaje y amanecimos en Santa Vitoria, en cuyo puerto nos esperaban doña Nayá y su marido. Echaba de menos terriblemente a mis padres, a mis hermanas y a Acácia a pesar de que aquella familia me rodeó de gran cariño, cuidados y dedicación. Durante dos semanas caí enferma con fiebre alta, y de no ser por la continua presencia de Jesús y mi nuevo Amigo no creo que hubiese sido capaz de soportar tan dura separación. Por fin me restablecí y mis amigos ya estaban haciendo preparativos para ir al mar, cuando recibieron la noticia de que su casa se había incendiado. Entonces decidieron pasar las vacaciones en su gran hacienda.

La vida en la hacienda, tranquila y activa, fue como diluyendo mi nostalgia poco a poco, y al poco tiempo me sentía bien. Había carreras, montábamos a caballo o en carro. Una tarde, en medio de un gran entusiasmo, fuimos a bañarnos a una cascada e invitamos a las familias vecinas.

Las alas extendidas

Fuimos para allá. Algunos iban a caballo, otros en coches, grandes y pequeños. Doña Nayá me llevó en un carro "de araña" y yo iba radiante. Llegamos a la cascada, que para mí fue una maravillosa novedad. Era un salto de agua, espumoso y musical que chocaba contra rocas enormes y acababa reposando en un blando lecho de arena.

Los hombres hicieron algunas casetas de las que salían los grupos preparados para el baño. Doña Nayá me llamó para que me pusiera el traje de baño. Feliz, fui corriendo, pero antes de que llegara hasta ella, fui detenida por el brazo de mi nuevo Amigo y por la vivísima presencia de nuestro Señor en mi pequeño ser, que me hacía entender que no debía unirme al grupo.

Parada en medio del camino, le dije: "No, doña Nayá, no quiero cambiarme ni bañarme; me quedo aquí". A doña Nayá esto no le gustó. Recelosa y tímida, estaba indecisa, no sabía si debía obedecerla o no. Todavía sentía como el brazo de mi nuevo Amigo me sujetaba. Entonces respondí con seguridad a sus llamadas: "Doña Nayá, no quiero cambiarme ni bañarme".

Los grupos ya estaban preparados para entrar en el agua. Mi nuevo Amigo se puso delante de mí. Durante todo el tiempo en que la gente estuvo en el agua o en la orilla del río, donde se pusieron a bailar, tuve delante de mí por primera vez la sombra santa y protectora que, así lo supuse, provenía de las alas extendidas de mi nuevo Amigo. Desde aquel día, estas "santas alas protectoras" se extendían siempre delante de mí para impedir que viese cualquier cosa que nuestro Señor y Él no querían que viese.

En el cine

En 1912 Jaguarão empezó a experimentar la fiebre del cine. Se abrían cines por todas partes. Los domingos había sesiones prácticamente a cada hora. Había gran competencia y rivalidad entre los dueños. Finalmente, la compañía Pinto y Hermano abrió la sala más lujosa de todas, llamada Ponto Chic. El dueño era un rico empresario y mandó construir un gran cine, con butacas acolchadas, ventiladores eléctricos, vestíbulos, etc., y todo por el mismo precio que los otros.

Como era de esperar la gente acudió en masa al Ponto Chic. Los domingos las sesiones eran exclusivamente para niños, a los que el dueño repartía, gratis, bonitas bolsas de bombones. También sorteaba premios estupendos, como una preciosa muñeca, un par de patines o un diábolo. Esto atraía a toda la chiquillada de Jaguarão. No sé decir si esta fiebre cinematográfica perjudicaba a la moral del pueblo, solo sé que un domingo se anunció la apertura de otro cine, llevado por los Padres Premonstratenses. El precio sería menos de la mitad que los otros, y la gente se fue para allá. Aún me acuerdo perfectamente de las historias que contaban las películas que vi en el cine de los padres durante mi infancia y juventud, y también de sus títulos: "La vida pública del Salvador", "El hijo pródigo", "El milagro de la Virgen", "El cielo por techo".

No puedo decir lo mismo de las películas que vi en los otros cines. Con excepción de las películas sobre naturaleza, no entendía la mayoría de ellas, porque gran parte pasaba oculta a mi vista tras las "santas alas" de mi nuevo Amigo. Ya narré anteriormente como mi nuevo Amigo procedió así por primera vez durante mis vacaciones en Santa Vitoria. La segunda vez que veló mis ojos fue en el Ponto Chic, y después sucedió así muchas veces, también en mi juventud.

Paso a narrar la segunda vez: un domingo el Ponto Chic anunció una velada extraordinaria. Acudieron muchísimas familias y nosotros también fuimos. Comenzó la película, que se llamaba "Celda n.º 13", y cuando solo habían pasado dos o tres escenas en la pantalla, sentí la mano de mi nuevo Amigo sobre mi hombro. Como ocurriera el día del baño en la cascada, sus "santas alas" se extendieron delante de mí, ocultando completamente las escenas de la pantalla a mis ojos. Mi nuevo Amigo permaneció así durante el resto de la película, de manera que no vi nada más.

En otras ocasiones (quiero decir, en otras películas), las "santas alas" solo se extendían delante de mí durante un cierto periodo de tiempo. Entonces era como si se replegaran, y podía ver de nuevo la pantalla. Pero su santa mano permanecía sobre mi hombro, y de este modo pensaba más en él que lo que pasaba a mi alrededor. (Era él quien me llenaba de felicidad, el recuerdo de que Jesús estaba contento con su amiguita). Muchas veces las "santas alas" de mi nuevo Amigo se extendían frente a mí durante la proyección de la película durante un tiempo y después se retiraban, dejándome ver libremente.

Mi nuevo Amigo actuaba así no solamente en el cine, sino también en otros espectáculos (obras de teatro, etc.). ¡Cuántas veces mi madre me llamaba "boba" porque no sabía describir la película o la actuación a las que acabábamos de asistir! Y mi padre me decía: "Hija mía, deberías ser capaz de describir lo que has visto y contar lo que has oído". Jamás les dije que mi nuevo Amigo me lo impedía.

* * *

Mi santo y fidelísimo amigo, solo ahora reconozco los innumerables peligros a los que estuve expuesta en aquel mundo malvado, de los que escapé ilesa únicamente por especial gracia de Dios y tu fidelísima protección. Oh, Dios mío, seas por siempre glorificado en la flaqueza de vuestra pequeña criatura. Y para ti, mi nuevo Amigo, sea el amor agradecido de tu amiga y hermana chiquita. Amén.

12. Esposa de Jesús

En 1913 vino de Río el teniente coronel N.; tenía entre cuarenta y cincuenta años, era soltero y poseedor de una gran fortuna. Este señor era íntimo amigo de mi padre desde los tiempos del colegio y venía a casa con frecuencia. De hecho, venía casi todos los días a ver a mi padre al salir del cuartel, pues nuestra casa quedaba a pocas manzanas.

Dos o tres meses después de su llegada empezó a prestarme particular atención, trayéndome con frecuencia costosos regalos. Mi madre me llamó un día para que me presentara en el salón. El teniente coronel estaba ahí y quería darme un regalo que me había traído. Se trataba de una caja que contenía un ajuar completo de estilo Napoleón, que había mandado hacer en Montevideo. Extendí la mano para agradecérselo. La besó y le dijo a mi padre: "Me gusta mucho esta niña y desearía hacer de ella una señora". No entendía lo que quería decir y con gran alegría fui a enseñarle el regalo a mi querida Acácia.

Pocos días después me llamaron de nuevo al salón. El teniente coronel estaba ahí, vestido con su uniforme rojo y azul. Mi madre le dijo a Acácia que me pusiera el traje de Napoleón, para que el teniente coronel viera que me quedaba bien. Francamente, no me gustaba aquel vestido, que me hacía parecer una joven. El vestido era más largo que los que solía llevar, y los finos botines de charol eran de tacón militar, que no había usado en mi vida. Siempre había llevado el pelo suelto, Acácia me lo rizaba cada noche con gran cuidado, pero esta vez mi madre me mandó recogérmelo por detrás con una cinta.

Aparecí, así transformada, en el salón. Parece que al teniente coronel le gustó verme así. Abriendo una pequeña cajita de terciopelo azul, sacó un pequeño anillo con dos diamantes y lo colocó en mi dedo, diciendo: "Eres aún demasiado joven para llevar un verdadero anillo de compromiso". En aquel tiempo no entendí nada. Solo sé que me agradó mucho aquel anillo. El teniente coronel continuó: "Pronto viajará a Europa. Por eso debe estudiar italiano y alemán (el francés ya lo aprendía en el colegio), y aprender a tocar el piano". Algunos días después empecé a estudiar italiano con un profesor particular y piano con otra profesora, con un piano que alquilamos para practicar. En el colegio empecé a estudiar alemán bajo la tutela de mi querida madre Rafaela.

Pasaron algunos días y una noche me llamó papá, quería hablar conmigo a solas. Estaba muy serio y con cara de preocupación. Aquel papá era muy diferente del habitual. Se sentó, me acarició tiernamente y me dijo: "Hija mía, papá tiene una noticia importante que comunicarte. Mi amigo N. quiere hacerte su esposa cuando cumplas quince años. Me gustaría que mi hija aceptara esta proposición, que la hará muy feliz. Conozco a mi amigo muy bien y tengo certeza de que la hará muy feliz".

Entendí poco o nada de lo que papá había dicho. Solo tenía trece años y hasta aquel momento ni por asomo se me había pasado por la cabeza convertirme en la esposa de nadie. De hecho, ni siquiera sabía lo que significaba ser esposa. Solo sabía que mamá era la mujer de papá. Por eso, sin entender mínimamente lo que papá decía, le respondí como si fuese la más irrelevante de las preguntas: "Sí, papá". Entonces salí de la habitación sin darle más vueltas a aquello.

El primer viernes después de la "audiencia" con mi padre fui como de costumbre a Misa y comulgué. Poco después de recibir la Sagrada Comunión, lo cual era mi deleite, siento, oigo, como acostumbraba a oír a mi nuevo Amigo (solo que ahora no era este, sino nuestro Señor): "No serás esposa de nadie en la tierra, sino esposa de Jesús".

Desde entonces pensaba continuamente en cómo podría ser la esposa de Jesús (porque tampoco entendía lo que significaba ser su esposa). En cualquier caso, había en mí desde aquel día un deseo grandísimo de ser esposa de Jesús. Me daba cuenta perfectamente de que si quería ser esposa de Jesús no podía serlo del coronel, cuya presencia comenzaba a aborrecer. No me gustaba nada llevar aquel anillo, que era una especie de anillo de compromiso (algo que solo después entendí). Fue por lo siguiente: un domingo después del primer viernes, estaba preparándome para dar un paseo con algunas amigas. Busco el anillo para ponérmelo en el dedo, pero mi nuevo amigo me lo impide, separando suavemente mi mano de la otra, en cuyo dedo me iba a poner el anillo. Entonces guardé el anillo inmediatamente con la firme intención de no usarlo nunca más.

El teniente coronel no tardó en notar que no llevaba el anillo y me dijo que deseaba que lo llevara siempre. Mamá me mandó ir a buscarlo y no quitármelo más. Fui a cogerlo y me lo puse en el salón. Mi nuevo Amigo no me lo impidió esta vez, pero en aquel momento, en presencia de aquel señor que tanto me desagradaba y de mis padres, busqué el santo rostro de mi nuevo Amigo, y vi que no le gustaba que me pusiera el anillo. Sentí una gran tristeza en mi alma y aquella noche en la cama, entre sollozos, le pedí a mi nuevo Amigo que me hiciera perder el anillo.

Pasó algún tiempo, bien poco, y llegó el invierno. Tuve un fuerte ataque de sabañones en las manos. Estas se inflamaban de tal modo que mi dedo anular se ponía rojo. Entonces mi padre limó el anillo, pero lo hizo tan cerca de uno de los diamantes que no quedó bien y no lo mandó a arreglar.

Tengo que decir que nunca antes ni después de este suceso me han salido sabañones en las manos. Los dedos se me hincharon tanto que era imposible girar el anillo en mi dedo. Solamente se podía limar el anillo sin cortarme el dedo en la parte en que estaban los diamantes, y entonces el anillo se echó a perder.

Animada por su éxito con el anillo, le pedí a mi nuevo Amigo que también me librara del teniente coronel.

En una pequeña habitación contigua a la sala de visitas tenía una casa de muñecas en una estantería. Una tarde en que la estaba ordenando las muñecas, no noté que la puerta de la habitación estaba abierta y que el teniente coronel estaba allí. Viéndome, vino a verme jugar y se puso detrás de mí, aunque no me di cuenta de su presencia. En esto, se hizo notar y me dijo: "Esto ya no puede ser en una novia. Debes dedicarte a estudiar idiomas y piano, porque dentro de dos años viajaremos a Europa". Me volví sorprendida. Mi nuevo Amigo se acercó a mí, podía percibirlo. Entonces, sin temer disgustar a papá y a mamá, le respondí al militar: "Usted debe saber que no quiero ser su esposa. Y tampoco voy a estudiar italiano con ese profesor. Voy a decirle todo esto a mi padre".

Estas palabras desairaron al teniente coronel y me respondió: "No sabes lo que estás diciendo, eres muy niña y tu padre no te hará caso". Sentí como mi nuevo Amigo me animaba a salir hacia el salón. Le obedecí y me fui, dejándole solo.

Aquel mismo día fui a papá. Llorando, me abracé a su cuello y le dije que no quería ser la esposa de aquel señor ni estudiar italiano con aquel profesor. Papá me abrazó y me dijo: "Hija mía, no te obligaré, pero quiero que entiendas que renunciando a casarte con el teniente coronel estás renunciando a tu futuro y al de tus hermanos. De cualquier manera, si mi hija no quiere, mañana mismo hablaré con mi amigo".

El teniente coronel no se mostró muy conforme y esto me hizo sufrir mucho. Pasado un tiempo fue trasladado a Río y... me dejó en paz. Me alegré mucho y no me olvidé de agradecerle este favor a mi nuevo Amigo. Pero aún no sabía como podía convertirme en esposa de Jesús. A su tiempo, sin embargo, lo supe.

* * *

El 8 de diciembre de 1914 me convertí en hija de María y recibí la bonita Medalla Milagrosa con su cinta azul. Me la dio el padre Godofredo Evers, que todavía era el director de esta Congregación Mariana. La víspera había ido a confesarme con el padre Godofredo, quien me dijo después: "Mañana, el buen Dios y su Santísima Madre te concederán una gracia muy grande y muy particular. Pero hay otra aún más grande reservada para ti. Es la gracia extraordinaria de convertirte en esposa de Jesús. ¿Cecy quiere aceptar esta amorosa invitación de Jesús?". Respondí: "Padre, ya hace tiempo que deseo ser esposa de Jesús, y sé también que no seré esposa de nadie aquí en la tierra".

Entonces el sacerdote me explicó cómo podría convertirme en esposa de Jesús. Comprendí hasta donde me lo permitió mi limitada inteligencia. El padre Godofredo me dijo que volviera al confesionario después del último penitente. Lo hice así y me dio un papel escrito y me dijo: "Mañana, después de comulgar, repite a nuestra Señora lo que he escrito en este papel". Me aprendí la oración de memoria y al día siguiente hice lo que me había ordenado. Después de la Sagrada Comunión recé lo que decía el papelito:

"Mi Santísima Madre, hoy me recibirás entre tus hijas predilectas. Pues bien, querida Madre, deseo hacer un intercambio. Hoy, cuando me arrodille al pie del altar, cuando tu siervo y ministro de tu Hijo me dé, en tu nombre, la Medalla y el título de hija de María, yo pondré en tus manos purísimas el lirio de mi inocencia y virginidad. Guárdalo, oh María, pues es vuestro. Nunca lo reclamaré. Y cuando mi Divino Esposo venga a pedírmelo, entonces, oh Virgen de las vírgenes, responderé felizmente a mi Esposo: Se lo confié a tu Madre virginal. Ella te lo dará".

Durante la ceremonia, cuando estaba arrodillada al pie del altar y el padre Godofredo me ofrecía la bonita medalla para que la besara, repetía en mi corazón la oración. Mi nuevo Amigo reposó su santa mano en mi hombro durante toda la ceremonia. Nuestro Señor vino conmigo como en la Sagrada Comunión; nuestra Señora también vino conmigo, aunque no los veía.

El mismo día, después de la celebración, el padre Godofredo me preguntó si había hecho mi ofrenda a nuestra Señora. En voz baja le respondí: "El santo ángel reposó una mano sobre mi hombro, y con la otra le entregó el lirio a nuestra Señora". Vi lágrimas en los ojos del padre Godofredo, pero se las enjugó rápidamente. No sé, sin embargo, por qué lloró.

13. El picnic *anual del colegio*

Era el año 1913 y teníamos, ya casi como una tradición, el *picnic* anual de nuestro colegio el 25 de octubre, en honor del santo de la madre Rafaela, que era el día 24. Todas las alumnas disfrutábamos con este paseo por el campo. Cada niña, tanto interna como externa, iba provista con la "imprescindible cestita de comestibles". Aquel año no me acompañaban mis hermanas. Dilsa ya había fallecido hacía mucho tiempo, en 1909, y Gizelda había acabado ese año el colegio. Acácia me preparó una cesta bien surtida, llena especialmente de aquellas cosas que me gustaban más y que ella sabía bien cuáles eran. A la hora prevista, que era siempre después del mediodía, salí hacia el colegio con una alegría inmensa.

Iba sola. En una mano llevaba la cesta y en la otra una bolsa de tela llena de manzanas y plátanos. En una esquina cerca del colegio me encontré con una anciana sentada en la acera, mendigando. Extendiendo su mano, me dijo: "Señorita, dele una limosna a una pobre negrita que aún no ha podido tomarse un café hoy". Daba la casualidad de que en el bolsillo de mi mandil llevaba el dinero sobrante después de haber comprado la fruta, que mi madre me había dejado quedarme, eran 500 reales. Se lo di a la anciana, que lo recibió agradecida y me dijo con sencillez: "¡Qué Dios le bendiga!".

Seguí mi camino alegremente, pero no había dado diez pasos cuando me paré sorprendida. Mi nuevo Amigo había puesto con delicadeza su mano sobre mi hombro. Entendí que quería algo. Busqué con la mirada su santo rostro, y lo vi triste, pero no serio. Al mismo tiempo me vino al pensamiento la anciana de la esquina. Miré hacia atrás, seguía ahí. Entonces pensé: "¿Cómo va a conseguir comida para hoy y mañana con solo 500 reales? Debo darle todo lo que llevo para el *picnic*. Solo así desaparecerá la tristeza del santo rostro de mi nuevo Amigo".

Volví a la mendiga, con una prisa poco habitual en mí, y vacié en su regazo todo lo que llevaba en la cesta y la bolsa y le dije: "Había traído todo esto para la excursión, pero quiero dárselo todo a usted, pues aún no se ha tomado un café". No sé qué respondió la pobre anciana; solo percibí su gesto de estupefacción, y es que salí corriendo hacia el colegio, como si temiera no tener suficiente fuerza de voluntad para hacer fielmente lo que mi nuevo Amigo deseaba. Tras correr un poco, ya en una de las esquinas del colegio, me paré, y una vez más miré hacia el santo rostro de mi nuevo Amigo. Ya no estaba triste; mostraba aquella "dulzura" que me decía que nuestro Señor y Él estaban muy contentos con su pequeña amiga. Abrí la cesta y metí la bolsa de tela vacía. Entonces pensé: "¿Cómo voy a ir al colegio y al *picnic* con una cesta vacía?"

Pensé en volver a casa y pedirle a mi buena Acácia que me llenara la cesta por segunda vez, sabía que ella lo haría. Estaba a punto de ponerme a correr de vuelta a casa cuando de nuevo siento la suavísima mano de mi nuevo Amigo impidiéndomelo. No quería que volviera, sino que siguiera andando hacia el colegio. Le obedecí, aunque con una gran indecisión. "¿Qué les diré a mis compañeras cuando vean la bolsa vacía? ¡Se reirán de mí!". Este era el miedo, gran miedo, que oprimía mi alma, pero la dulce expresión del santo rostro de mi nuevo Amigo lo disipaba todo. Entré en el colegio feliz, como si mi cesta todavía estuviese llena de las cosas que más me gustaban.

El patio del colegio ya estaba lleno de niñas, cada una con su cestita respectiva. Entonces deseé tener al menos un pedazo de pan, que hiciera algo de peso en mi cestita, porque era tan ligera que se me hacía difícil llevarla sin que nadie notara que estaba vacía. En cambio las cestas de las otras niñas casi no podían ir cerradas. Pasé momentos de angustia en el patio. Pensaba: "¿Qué haré en el prado, cuando nos dividamos por grupos para merendar?".-

Salimos. Estaba ya con mi grupo de amigas. Durante el camino ellas contaban lo que traían para la merienda, mientras que yo, confusa, me estuve callada. Llegamos al prado y pronto se hizo la hora de la merienda. Los grupos se repartieron sobre la hierba. Parada, sin saber si debía unirme a mi grupo o no, miré hacia el santo rostro de mi nuevo Amigo, en busca de auxilio. La santa "dulzura", que llenaba mi alma con tanta alegría, puso fin a mi gran indecisión. (Comprendo ahora lo que no era capaz de reconocer: mi miedo a ser humillada por mis compañeras).

Me dirigí al grupo, que ya me estaban llamando. Mi nuevo Amigo así lo deseaba. Ya estaban con las cestas abiertas, comiendo. Una de ellas me cogió la cesta para ver qué había y... ¡oh, decepción!, o mejor: ¡qué sorpresa para ellas y qué humillación para mí! ¡La cesta estaba vacía, únicamente con la bolsa de tela dentro! La carcajada resonó por la planicie, mientras que yo a duras penas podía contener lágrimas y sollozos. Quería pedirles que no se rieran de mí. Me hicieron mil preguntas, acompañadas de comentarios humillantes:

"¿Has escondido tu comida en un agujero por miedo a que te pidamos?".

"Se la ha comido toda y ahora quiere que le demos".

"Ya noté que había algo especial en el modo en que movía la cesta allá en el patio".

"¿Entonces no había nada en casa que te pudieras traer?".

No podía soportarlo más. Iba a decírselo todo a la madre Rafaela, las niñas estaban siendo crueles conmigo. Y sin embargo, la santa mano de mi nuevo Amigo me impidió levantarme y hablar con la madre Rafaela. ¡Si al menos pudiera dejar este grupo y unirme a otro! Mi nuevo Amigo no quería, tendría que quedarme donde estaba.

Haciéndome violencia, me senté de nuevo. Una de las niñas me ofreció una buena ración de guayaba sobre una loncha de queso de bola. Me vino un pensamiento instantáneo a la cabeza: "No lo voy a aceptar, no quiero de tus cosas". Pero antes de que pudiera decir una sola palabra, sentí descansando en mi hombro aquella santa mano que tan bien conocía. Comprendí que mi nuevo Amigo deseaba que aceptara. Dentro de mí peleaban mi voluntad y mi amor propio, y venció la primera. Acepté lo que me ofrecía aquella niña y también lo que me ofrecieron las otras. Al tomar cada bocado, no disfrutaba de su sabor, aquellas cosas me repugnaban al paladar, tal violencia había dentro de mí, pero la "dulzura" del santo rostro lo cambió todo. La excursión terminó y nadie se enteró de lo que había ocurrido: ni papá, ni mamá, ni la madre Rafaela, ni Acácia, ni nadie.

14. Sacrificios para nuestra Señora

Estábamos a principios del año escolar de 1914. El padre Godofredo, en mi primera confesión tras iniciarse el curso, me dijo: "Desde ahora, comienza a prepararte para merecer la gran gracia de convertirte en hija de María en diciembre". (En diciembre de 1913 había recibido la cinta verde como aspirante). "No dejes que pase ningún pequeño sacrificio sin ofrecérselo a nuestra Señora". Aquella misma tarde, la Madre celestial pidió el primer sacrificio a su hija pequeña.

Mi estuche nuevo

Al llegar a casa del colegio encontré en mi mesa un paquete que mi padre me había traído de Artigas. Era un precioso estuche de material escolar, de madera barnizada, que con lápiz, regla, pluma, afilador, gomas, cortapapel, limpiador para la pluma, puntas de repuesto, lapiceros… en fin, todo lo que necesitaba un estudiante, ahí lo encontraría. Desde el año anterior deseaba tener un estuche así; ya lo conocía, pues algunas de mis compañeras tenían uno igual. Más de una vez le había manifestado mi deseo a mi padre.

Ahora lo poseía, no sabría describir mi alegría aquella tarde. No me cansaba de contemplar mi tesoro, y empecé a hacer los deberes antes de la hora acostumbrada, solo por el placer de usar mi "inigualable estuche". "¡Qué feo e inútil me parece ahora mi estuche viejo! Ya no quiero usarlo más. Mañana, después de Misa, se lo daré al padre Domingos en la sacristía, con todo contenido. Estas cosas le alegran mucho, pues pueden servirle para los estudiantes pobres de su escuela nocturna".

En la cumbre de la alegría, una vez acabada la tarea, empecé a limpiar y ordenar el estuche viejo. Lo envolví y lo dejé listo para llevárselo al sacerdote al día siguiente. Con el paquete preparado, envuelto en el mismo papel en que venía envuelto el estuche nuevo, y atado con el mismo cordel, ya me levantaba de la mesa cuando me asalta un pensamiento inesperado: "En vez de darle el estuche viejo al padre Domingos, ¿por qué no darle el nuevo?". En rechazo a esta audaz idea, inmediatamente le sucedió otra, que trataba de sofocarla: "¡No! No puedo hacer eso. El padre Domingos siempre pide libros y material escolar que ya no queremos usar más".

Se desencadenó un verdadero combate. La primera idea me desagradaba por completo, y se me ocurrió otra objeción: "Necesito este nuevo estuche, pues ahora estoy en un curso superior y casi todas las chicas tienen estuches de este estilo. Por eso me lo dio papá". Ya lo tenía decidido: le llevaría el estuche viejo al padre Domingos. Lo cogí para llevármelo a mi habitación, como si quisiera reafirmar mi decisión.

No llegué hasta la puerta. La santa mano de mi nuevo Amigo descendió suavemente sobre mi hombro y me vino a la mente un nuevo pensamiento: "Este podría ser el primer sacrificio en honor de la Madre celestial, y así podré merecer la bonita cinta azul de hija de María". Cesó mi agitación. Miré hacia el santo rostro, que presentaba esa "seriedad" con que aguardaba alguna decisión generosa de su amiguita. Comprendí y decidí. "Le llevaría el estuche nuevo, no el viejo. Podrá usarlo como premio para el estudiante más aplicado de su escuela nocturna". Volví a mi mesa y me senté. En poco tiempo tenía listo el nuevo paquete, tal y como lo había recibido. Antes de llevarlo a mi habitación miré el santo rostro de mi nuevo Amigo y la "dulzura" que vi me pagó cien veces mi pequeño sacrificio. Al día siguiente, cuando acabó la Misa, no me uní a la fila para volver al colegio, pues tenía que hablar con el padre Domingos. Pareció que había adivinado mi sacrificio, porque me dio una hermosa imagen de la Santísima Virgen. Esto me dio mucha alegría, parecía decir que nuestra Señora aceptaba con muchísimo gusto el pequeño sacrificio que le había ofrecido.

Los patines sacrificados

El siguiente suceso tuvo lugar en 1914. Con la llegada del invierno los dueños del Ponto Chic abrieron una pista de patinaje. Alice vino y me animó a ir a la fiesta de inauguración. Fuimos y me quedé encantada al ver la multitud de chicos y chicas, y también algunas niñas de mi edad (muchas compañeras del colegio) que se deslizaban con rapidez y trazando graciosas curvas sobre la gran pista de mosaico pulido. ¡Qué ganas tenía de patinar así! ¡Tenía que ser muy divertido! En aquel momento, mientras admiraba la habilidad de los patinadores, decidí no gastar un céntimo hasta que hubiese ahorrado los veinticinco cruzeiros que hacían falta para comprar un par de patines. La pista de patinaje me atraía como en su momento me atrajo la plaza, cuando iba a dar vueltas con mi pequeño auto. Cada domingo a las cinco de la tarde allí estaba con Alice, que un día vino a buscarme con un estupendo par de patines, nuevos y relucientes, que había comprado en Artigas.

Finalmente ahorré lo suficiente para los ansiados patines. Era tan grande mi deseo de tener mi propio par de patines que aquel día juzgaba que no había nadie en el mundo más feliz que yo. Pero, ¡ay!, tenía que esperar hasta el sábado, día en el que no había colegio por la tarde, para ir a Artigas. Iría con Alice a Casa Aspiroz, donde ella había comprado los suyos. El domingo los estrenaría durante la sesión para principiantes.

Eran las dos de la tarde de un bonito sábado de invierno cuando salimos. Alice y yo estábamos sentadas en el bote que nos transportaría hasta la ciudad uruguaya de Artigas; deseaba estar ya de vuelta con los patines. Antes de que la barca zarpara tomó asiento un nuevo pasajero, al que conocía bien y que aquella mañana me había perdonado todos los pecados que había cometido durante la semana: el padre Godofredo. Le saludé con un "alabado" e intenté levantarme, pero el balanceo de la barca me lo impidió. Él me devolvió el saludo, y añadió: "Cecy, ¿cómo tú por aquí?". Con gran alegría, le respondí: "Sí, señor padre, voy a comprar un par de patines". Tras un par de remadas, el padre Godofredo se puso a leer, o a rezar el breviario, y así se pasó toda la travesía de una orilla a otra del río Jaguarão. Cuando desembarcamos en Artigas, el sacerdote me dijo en un aparte: "nuestra Señora espera un pequeño sacrificio".

Fue como si una bomba hubiera caído a mis pies; tan inesperada fue la advertencia. Empezó un nuevo combate en mi interior, ahí en plena calle, y me quedé parada sin decidirme a dar un paso adelante. Mi amiguita Alice se puso impaciente, y todo lo que pude decirle fue: "¡Espera un poco!". Y es que los pensamientos se arremolinaban en mi mente, como ocurrió con el estuche.

"¡No! Nuestra Señora no querrá los patines. Ya le he ofrecido el estuche que tanto me gustaba. Y los patines me gustan aún más, mucho más. Ya haré otro sacrificio después". Me decidí y le dije a Alice: "Vamos rápido".

A una manzana de Casa Aspiroz me acordé de mirar el santo rostro de mi nuevo Amigo. Tenía aquella "seriedad" compasiva, que me hacía entender lo que esperaba de su amiguita. Una gran pena invadió mi mezquino corazón, y un nuevo pensamiento surgió en mi mente. "Madre del Cielo, os pido perdón. ¡Cómo no vais a merecer el sacrificio de los patines! Y yo pienso que es demasiado ofrecértelos". Sentí en mi alma un sincerísimo arrepentimiento y casi no pude contener las lágrimas, que querían saltar a borbotones.

Alice, me dio un empujón y me dijo: "Cecy, niña, me estás cansando. ¿Caminas o no? Parece que estás dormida".

"Alice", le dije, "vamos de vuelta a casa. Ya no quiero comprar los patines. He decidido hacer otra cosa".

Alice se quedó de piedra. "¿Estás loca?", preguntó. "Nada de eso. Si hemos venido hasta aquí, vamos a comprarlos".

"No, Alice, ahora no quiero comprarlos. Te compro un bote de caramelos de Montevideo y nos volvemos a Jaguarão".

Esto hizo que Alice aceptara el cambio de planes. Entramos en la confitería, compramos los caramelos y volvimos a Jaguarão. Tenía ahora veinte cruzeiros. Sabía lo que tenía que hacer para reparar mi falta. Cuando Alice me dejó en la esquina de su casa fui a la tienda de al lado y cambié los veinte cruzeiros en monedas de 400 reales. Luego fui al asilo y le di 400 reales a cada una de las personas que vivían en la parte del edificio donde había fallecido mi amigo, el señor Cipriano José. Si la alegría de cada pobre fue grande, la mía fue incomparablemente mayor. Estoy convencida de que la alegría que hubiera experimentado con los patines nuevos hubiera sido incomparablemente menor: recibí la "dulzura" de mi nuevo Amigo.

Incidentes como este sucedían con frecuencia. Por eso no considero necesario narrarlos todos.

15. La mendiga

Estábamos en 1915. Vivía en Jaguarão una mendiga de unos cincuenta años, famosa por su extrema fealdad física. Los niños la tenían por una bruja o hechicera de los cuentos. La temían. La llamaban "Bate-pico" por ser muy habladora.

Durante las largas tardes de verano, cuando estaba estudiando en el jardín, era frecuente escuchar a los niños gritando: "Bate-pico, mirad a la Bate-pico". Entonces la pobre señora se enfadaba y les tiraba piedras, jurando venganza. Entonces interrumpía mi estudio y una tristeza y pena muy grandes se apoderaban de mí al contemplar la miserable vida de aquella pobre mujer. Pensaba: "Quién sabe, a lo mejor cuando era pequeña no tuvo un hogar, o unos padres buenos que cuidaran de ella, y después sus padres murieron, y se convirtió en lo que es ahora". Entonces me llené de un gran temor a perder a mis padres y separarme de ellos.

La madre Rafaela nos había dicho muchas veces que la fealdad externa podía esconder un alma hermosísima. Pensaba: "Quizá la pobre Bate-pico tiene un alma tan blanca como la mía el día de mi Primera Comunión, su nuevo Amigo está siempre contenta con ella y nuestro Señor se la va a llevar al Cielo. Como es fea e inmunda, los chiquillos piensan que su alma también lo es". Estos pensamientos retornaban cada vez que oía a los chiquillos gritar "¡Bate-pico!". La mendiga iba todas las semanas a la carpintería, de donde volvía con un gran saco a cuestas cargado de virutas, que usaba para cocinar.

Una tarde Alice y yo fuimos a la pista de patinaje. Como yo no tenía patines, simplemente me dedicaba a observar a los patinadores.

De repente oí silbidos y risas en la calle. Fui a la gran puerta de hierro, abierta de par en par, ¿qué había que ver? Era la "Bate-pico" con su saco a cuestas. Atada al saco había una tira de tela de cuyo extremo prendía una lata vieja. Cuando la mendiga caminaba arrastraba la lata detrás de ella, montando un gran barullo. En pocos segundos la puerta y la acera se llenaron de chicos y chicas que se reían a carcajadas del ridículo que hacía la pobre mujer.

A mí me dieron ganas de llorar más que de reír, pero contuve las lágrimas por miedo a que la gente se burlara de mí, llorando cuando todos reían. La mendiga continuaba andando, aunque el peso del saco le hacía doblarse y se hacía muy difícil llevar el saco con su larga cola y la lata arrastrándose sobre las piedras de la calle. En esto, me vino a la mente un pensamiento: "¿Y si arrancara la tela del saco de la mendiga?". Aparté este pensamiento de mi cabeza con desagrado, diciéndome: "¡No! No lo haré. Todo el mundo me vería y esa banda de chicos es capaz de abuchearme. ¡Qué horror! ¡Qué vergüenza! ¡Menuda escena, corriendo calle abajo detrás de la mendiga, mezclándome con los gamberros! No quiero ni pensarlo". Todo esto sucedió en un momento.

Entonces sentí la santa mano de mi nuevo Amigo sobre mi cabeza, como acariciándome. Y junto con esta caricia, me dijo susurrando: "Si estuvieras en lugar de esa pobre mujer, cómo te gustaría que alguna mano caritativa te librara del ridículo y la humillación. ¡Vamos, Jesús te lo pide!".

Miré hacia la pobre para calcular la distancia que me separaba de ella, ¡casi una manzana! ¡Y el número de muchachos parecía que aumentaba! ¡Gente por las puertas y por las ventanas de las casas! Miré a mi nuevo Amigo. Su santo rostro con esa seriedad y algo tristón... ¡esperaba algo de mí! No miré más. Sin quererlo, le dije a Alice: "Voy a desatar la tira del saco de la mendiga". Ella me agarró del vestido y me dijo: "¿Estás loca? Se burlarán de ti como se están burlando de ella".

No vi ni oí nada más. Me puse a correr detrás de la mendiga, que continuaba andando, con la banda de chicos detrás. Sin saber cuál sería la mejor manera de desatar la tira de tela, lo primero que hice fue coger la lata. La cogí con la mano y traté de rasgar la tela. La mendiga sintió el tirón; tal vez pensó que los chiquillos estaban intentando quitarle el saco de los hombros y tiró fuertemente del saco hacia ella. El resultado fue que la lata me hizo un corte profundo en el brazo, cuya cicatriz conservo hasta hoy.

Corrí hasta la pobre mujer y traté de explicarle lo que estaba haciendo, pero ella no lo entendía y se enfadó mucho. Me quedé sin habla de la vergüenza. Oía los gritos de los chicos y sentía como centenares de ojos se clavaban en mí, "protagonista de la escena". Parece que entonces la mujer entendió. Deseaba volver a la pista de patinaje, pero la mano de mi nuevo Amigo me lo impedía. Debía desatar la tira del saco, él lo quería. La mendiga, que ya no estaba enfadada conmigo, me dejó desatar la tela. Conmovida, me dijo: "Muchas gracias, niña. Todavía hay alguien en este mundo que se apiada de mí". Entonces me olvidé de mi vergüenza. Le ayudé a echarse el saco sobre los hombros y volví a la pista.

Solo entonces percibí que la sangre me corría por el brazo y que llevaba el vestido todo manchado. Alice me ató el pañuelo alrededor del corte y yo, temiendo que ella se lo contara todo a mamá, quise volver sola a casa. Nadie me vio llegar, pues entré por la puerta del jardín. Puse árnica en agua y me lavé la herida, que ardía mucho. Mientras tanto la mano de mi nuevo Amigo acariciaba mi cabeza una vez más. Miré su santo rostro, y junto con la "dulzura" que vi, me vino como en un susurro la siguiente frase: "Jesús está contento con su amiguita". Esto me llenó de felicidad y ya no pensé más en mi brazo.

En mi siguiente confesión se lo conté todo al padre Godofredo y él me dijo: "Vamos a hacer un contrato y Jesús lo va a firmar. Mañana domingo, Cecy va a hacerse cargo del cuerpo de esa pobre mendiga, cuidando de que esté bien aseado, y yo me haré cargo de su alma".

Qué suerte, pensé, tenía diez cruzeiros que papá me había dado. Podría comprar sandalias, medias, ligas y jabón para la pobre. Le llevaría también un vestido y sábanas de mi madre. Al día siguiente, después de Misa, todo estaba preparado. No olvidé llevar las tijeras y un poco de brillantina, pues parecía que la pobre nunca se peinaba. Cogí también algo de pan y una lata pequeña de mermelada. Fui al asilo y encontré a "Bate-pico" en cuclillas frente a la puerta de su habitación. ¡Ay!, estaba horriblemente sucia. Cuando entré con ella en la habitación para enseñarle lo que había traído tuve que esforzarme para reprimir las arcadas y no vomitar.

"Doña María", dije, "quiero limpiarla bien. Le he traído algo de jabón y brillantina". La mendiga se puso muy contenta con todo aquello. Hallé dificilísimo lavar a la pobre, no sabía cómo hacerlo. Le pedí una palangana y me trajo una muy pequeña. Le di el jabón y le dije que primero se lavase la cara. La pobrecita no se opuso y pareció gustarle el jabón, pero no se lavó bien, como yo quería.

Entonces tuve una buena idea. Mi pañuelo todavía estaba doblado. Fui a por agua limpia y froté el pañuelo con el jabón, y yo misma le limpié el cuello y las orejas a la mendiga con el pañuelo. Después le dije que se lavara la cara para aclarar el jabón. Quería hacer lo mismo con sus pies. La hice sentarse y le di el pañuelo con jabón para que se lavara ella misma los pies pues el asco que sentía era insoportable. Las arcadas se sucedían y me sentía fatal. Salí de la habitación, y me dije a misma: "No puedo soportar estas náuseas. Le diré al padre Godofredo que esto es demasiado difícil para mí, demasiado". Estaba a punto de irme cuando la mano de mi nuevo Amigo me empujó suavemente en el hombro y me guió hacia la habitación. Pensé de inmediato:

"¡Jesús ha firmado el contrato! He de cumplirlo lo mejor que pueda".

Volví a la habitación y encontré a la pobrecita concentrada en lavarse los pies con el pañuelo enjabonado, que ahora estaba totalmente negro. Cambié el agua, horriblemente negra y espesa. Los pies deformes estaban llenos de heridas. Las uñas eran demasiado largas y estaban llenas de suciedad. Doña María se secó los pies con un trapo que no estaba muy limpio. ¡Ay!, debía cortarle las uñas de las manos y de los pies, y traje las tijeras. Quise empezar por las manos. Empecé, pero el asco superó a mi buena voluntad. El vómito salió rápido, sin tiempo para contenerlo, manchándome el vestido. Sin embargo, mi nuevo Amigo puso su santa mano sobre mi cabeza.

Haciendo un esfuerzo sobrehumano le corté las enormes uñas de las manos y de los pies. Solo me faltaba el pelo. Observé aquella cabeza, tan desgreñada, y perdí el ánimo. Sin embargo, la santa mano de mi nuevo Amigo continuaba reposando sobre mi cabeza, como acariciándome. Mojé los dedos con la brillantina, y cuando me dispuse a frotarle el pelo, ese pelo tan sucio y maloliente, vomité por segunda vez. Mis manos, grasientas con la brillantina, me causaban una repugnancia extrema. No sé describir lo que sentí mientras le arreglaba el pelo a la mendiga. No puedo decir lo que vi en aquella miserable cabeza, que más parecía de un animal inmundo que de un ser humano.

Finalmente acabé. Ahora Doña María podría ponerse la ropa limpia. Le dije que se cambiara de ropa mientras yo me limpiaba mis manos grasientas, que me daban náuseas. Cuando volví le pedí que se pusiera las medias nuevas y las zapatillas. El vestido de mi madre le quedaba bastante bien, solo que un poco grande. Entonces le dije: "Ahora está usted limpia y guapa: ya puede comer pan y mermelada". Estaba mansa como un corderito, y todo le hacía reír y reír, pobrecita.

Me fui corriendo a casa. Mi aspecto me avergonzaba, tan sucia y desarreglada estaba. La santa mano de mi nuevo Amigo permaneció sobre mi cabeza durante todo el día y me parecía estar en el Cielo. Nuestro Señor estaba conmigo como en la Comunión.

Ese mismo domingo por la tarde el padre Godofredo visitó a la mendiga. El sábado siguiente, en la confesión, me dijo: "El buen Jesús no se arrepiente de haber firmado nuestro contrato. Está muy contento con su amiguita. La mendiga tiene ahora el alma limpia y el lunes recibió la Sagrada Comunión. Parece que no vivirá mucho más tiempo, así que la visitaré más veces. Pero Cecy no debe ir más".

Al siguiente domingo, cuando llegué a casa después de Misa, me sorprendió la noticia: Doña María había sufrido un colapso cuando volvía de la iglesia. La llevaron al asilo, pero llegó ya muerta. Lloré a escondidas, de pena, y quizá también por el dolor que sentía por haber perdido a mi pobrecita. Cada vez que rezaba por su alma mi nuevo Amigo posaba suavemente su santa mano sobre mi cabeza. Esto sucedió así durante largo tiempo. Finalmente dejó de hacerlo. Entonces pensé: "Doña María ya se ha ido al Cielo".

Sea glorificado nuestro Señor en la fidelidad de mi nuevo Amigo y en la flaqueza de su pobre criatura, que no hizo nada por sí misma. Amén.

16. Otro sacrificio para nuestra señora

Al contar la historia de los patines añadí una nota señalando que había habido otros incidentes similares y que por ello pensaba innecesario narrarlos todos. Sin embargo, como se me ha dicho que he de narrarlos, lo haré así. Retrocederé entonces un año.

Estábamos en 1914, el año en que hacía sacrificios para nuestra Señora. Cada mes, cuando recibía su sueldo, papá acostumbraba a darnos cinco cruzeiros a cada una, para que nos compráramos lo que quisiéramos. Yo prefería comprar con "mi dinero", como así lo consideraba, y así pocas veces les pedía dinero a mis padres para las cosas que quería, prefería esperar hasta haber ahorrado lo suficiente.

No sé si esto era una buena o mala costumbre. Solo sé que me daba mucha alegría usar "mi dinero" para comprar lo que quisiese, en vez de que me lo comprara papá. Mamá decía que esto era "una de mis manías", pero papá afirmaba que era una manifestación de "espíritu de independencia", y que no se oponía a que actuara así. Fuera como fuese, yo continuaba con mi "manía", según mamá, o con mi "espíritu independiente", según papá. Lo que sí puedo decir es que mi nuevo Amigo se ocupó muchas veces de esto. En fin, continuaré con mi historia.

Esperábamos los mediados de cada mes con gran emoción, y siempre tenía en la cabeza algún deseo para satisfacer con "mi fortuna". Una tarde me puse en camino hacia la casa de muebles Danigno a comprar un diábolo, muy de moda entonces. Lo quería igual que el de Alice, con los dos palitos cubiertos de metal en los extremos en que se enganchaba la cuerda, y con el borde de la bobina cubierto de goma para resistir las continuas caídas. Estaba muy contenta y pensé en ir a ver a Alice después de comprarlo y jugar una partida. Tenía diez cruzeiros, si pagaba siete por el diábolo, me quedarían tres para el chocolate, pues solíamos jugarnos barras de chocolate. Sin embargo, ¿qué podría suceder?

La botella de queroseno rota

A mitad de camino hacia la tienda me encontré una pobre negrita, más o menos de mi edad. Estaba sucia y harapienta y lloraba junto a los trozos de una botella de queroseno, que estaba derramado por el suelo. Me paré ante tan triste escena, mirando ya a los restos de la botella, ya a la chica, desecha en sollozos.

Fue ella la que rompió el silencio y me dijo: "He ido a comprar una botella de queroseno para mi vecina, pues me ha prometido algunos céntimos. Y ahora ni tengo dinero para comprar queroseno ni recibiré los céntimos, y mi madre me va a pegar".

Sentí mucha pena por la pobre chica, y recordé con alegría que me quedarían tres cruzeiros para el chocolate. Como llevaba un billete de diez cruzeiros, le dije a la chica: "Espérame aquí. Voy corriendo a la farmacia a pedir cambio y te daré dinero para que compres queroseno, pero no llores más". La chica se secó rápidamente las lágrimas con el borde de su vestido y en un instante ya estaba sonriendo, mostrando sus dientes blancos como la nieve.

Volví en breve con el cambio y le pregunté a la chica por el precio de una botella de queroseno. Ella respondió: "Sesenta céntimos, pero la botella también era de mi vecina. Costará otros veinte céntimos en los almacenes". Yo respondí: "Te voy a dar la mitad de mi cambio. Dale ochenta céntimos a tu vecina y los otros setenta céntimos son para ti". Sin embargo, en el momento en que puse el cruzeiro y medio en la mano de la negrita sentí la santa mano de mi nuevo Amigo sobre mi hombro.

"Espera", le dije a la negrita, dándome cuenta de que mi nuevo Amigo quería algo de mí. La negrita se quedó mirándome con grandes ojos de sorpresa, tal vez temerosa ante mi indecisión. Entonces me vino un pensamiento: "Debería darle todo el cambio a esta pobre chica y su alegría sería mucho mayor. Renunciaré al chocolate como sacrificio para nuestra Señora".

"Espera", dije, dirigiéndome a la chica, "te voy a dar los tres cruzeiros". La negrita exultó de alegría. Miré a mi nuevo Amigo, ¡y no recibí la "dulzura" que esperaba! Entonces, ¿qué quería mi nuevo Amigo? Estaba perpleja. En unos segundos, vinieron a mi mente estas palabras, que alguien me susurraba: "No solo del cambio, sino que también te privarás del diábolo; debes darle todo el dinero a la pobre negrita".

Comenzó una nueva lucha: "¡Ya he renunciado a muchas cosas que me encantaban! Pero si pasa este sacrificio en honor a nuestra Señora, quizás pase también la cinta azul". Como si un rayo de gracia entrara en mi alma, sentí un gran arrepentimiento por mi egoísmo, muy grande, y empecé a llorar delante de la negrita, parada frente a mí.

Deseaba esconder el motivo de mis lágrimas y le dije: "Quiero darte todo el dinero que llevo, y también el dinero que papá me dé cada mes". Le mostré a la niña dónde vivía y le pedí que viniera el día cuatro de cada mes para recoger los cinco cruzeiros que guardaría para ella. Y así fue.

Durante todo aquel año, hasta diciembre, le di a esta pobre chica mi preciada paga. En recompensa recibí otra "paga", incomparablemente más preciada: la "dulzura" de mi nuevo Amigo. Recibí la cinta azul, que "no pasó", como no pasaron en ninguna ocasión durante aquel año los sacrificios para nuestra Señora. Durante las vacaciones de diciembre de 1914 a marzo de 1915, la negrita se despidió de mí, pues se fue con una familia a Pelotas.

17. La fiesta del Espíritu Santo

No puedo recordar exactamente en que año sucedió la siguiente anécdota. Solo puedo decir que ocurrió antes de 1911.

Sentía gran admiración por cierto coronel, pues había escuchado a papá alabar muchas veces su carácter valiente y honrado y su imparcialidad con sus subordinados. Cada año, cuando se acercaba la fiesta del Espíritu Santo, el patrón celestial de Jaguarão, salía por las calles con la "Bandera de lo divino", como la llamábamos, haciendo una colecta para cubrir los gastos de la solemnidad. Y no había casa de rico o de pobre, ni establecimiento, público o privado, en que no entrara la "Bandera" para recibir las donaciones de los buenos y dejar a cambio su bendición.

En nuestra casa siempre era yo quien recibía a la "Bandera". Tras dejar la ofrenda de papá en la bandeja ponía también algunas monedas mías a escondidas, pues no quería que faltara "mi ofrenda". La visita de lo "divino" acababa con mi beso a la Paloma Blanca. La "Bandera" recorría durante tres días la ciudad y los alrededores.

Llegó el día en que la "Bandera" había de visitar el cuartel, situado en una gran plaza cubierta de hierba, la Plaza del Cuartel. La pequeña procesión ya había entrado en esta plaza cuando el coronel envió a un cabo-ordenanza con el recado de que "la Bandera se diese la vuelta, pues no sería recibida en el cuartel". La noticia de este suceso se conoció pronto en todas partes y también oí que en casa se narraba y se discutía el hecho. Por vez primera escuché a mi padre criticar una acción de su amigo.

En mi caso, aquello me impresionó mucho y no era capaz de entender cómo el coronel podía ser tan malo. En mi imaginación contemplaba constantemente aquella escena tan triste: ¡la "Bandera de lo divino" expulsada del cuartel! Tan grande era el pesar que sentía, tenía tanta pena, que pensaba continuamente en qué podría hacer para "alegrar" de nuevo al Espíritu Santo, tan maltratado.   También sentía lástima por los soldados, privados de poder dar su limosna y besar a la Paloma, lo que para mí era privarles de la bendición del cielo.

Pasé los días lamentándome, y en más de una ocasión, por la noche, cuando estaba en la cama, lloré amargamente de pena por el divino Espíritu Santo, expulsado del cuartel. Los días pasaban y mi ansiedad aumentaba, pues no se me ocurría cómo "alegrar" al Espíritu Santo en su gran fiesta. Quedaba solo una semana para la fiesta, y todavía no se me ocurría nada. No dejaba de rezar por esa intención, ¡pero nada, nada!

Una noche, ya en la cama y con la luz apagada, la pena por el Espíritu Santo desterrado invadió mi alma de nuevo. Me senté en la cama y me puse a llorar tanto que casi no podía contener los sollozos. Era un dolor grande, dolor de niña, sí, pero bien profundo. Creo que si en aquel momento me hubiesen dicho: "Solo alegrarás al Espíritu Santo en su fiesta si aceptas morir de manera cruel", no me hubiera opuesto, tan fuerte era mi deseo hacer algo para alegrarlo y reparar así la ofensa que se le había hecho. Lloraba así, desconsolada, cuando la santa mano de mi nuevo Amigo (que hasta aquel momento no se había pronunciado), se posó con celestial suavidad sobre mi cabeza, como prometiéndome auxilio.

Mis lágrimas cesaron como por encanto, y aquella "dulzura" llenó mi corazón de tal manera que me olvidé de que estaba en la tierra y me creía ya en el Cielo. Al poco me dormí. Vino el día siguiente, y me urgía el deseo de hacer algo para alegrar al Espíritu Santo. El consuelo que había recibido por parte de mi nuevo Amigo no me había quitado la pena que sentía por el Espíritu Santo, a quien tanto deseaba alegrar. Sin embargo, no podía imaginar lo que mi nuevo Amigo iba a pedirle a su amiguita en aquel día, tan solo tres días antes de la fiesta.

Por la mañana, cuando desayunaba, la santa mano se posó sobre mi cabeza, como acariciándome. Al mismo tiempo escuché una voz, que en un susurro decía (como me ocurría a menudo, esto era solo un pensamiento, pero muy diferente a los que tenía habitualmente. Este pensamiento parecía más una voz que un pensamiento): "Esos pobres soldados de fe sencilla han sido privados del placer de dar su limosna y de recibir, con la santa visita, la bendición del Espíritu Santo".

"¡Ah!", pensé. "Debo pedirle una limosna a cada soldado con el que me encuentre. A cambio le daré a besar la medalla del Espíritu Santo que recibí en la fiesta del año anterior". A este le sucedió otro pensamiento. "¡Qué vergüenza voy a pasar! ¿Qué voy a parecer, parando a los soldados por la calle y pidiéndoles dinero?". Como respuesta vino un tercer pensamiento: "Aunque me cueste mucho, he de hacerlo para alegrar al Espíritu Santo en el día de su fiesta. Y hoy mismo debo comenzar, de otro modo no tendré tiempo suficiente para recoger el dinero y llevárselo al vicario antes de la fiesta".

Aquella tarde, después del café, pedí permiso a mamá para ir a ver los zapatos blancos que papá quería comprarme por la fiesta. De esta manera pensaba encontrar muchos soldados, como así fue. Mamá me dio permiso. Fui y me puse en una esquina. ¡Y por el otro extremo aparece el primer soldado! Mi corazón parecía que se me salía por la boca y llegué a desear que el soldado desapareciera. ¡Cuánta vergüenza me daba! Sin embargo la santa mano de mi nuevo Amigo reposaba suavemente sobre mi hombro. Esto me llenaba de alegría y me hacía olvidar el resto. El soldado ya estaba a solo tres pasos de mí, el primer soldado que la santa Paloma me presentaba.

"Señor soldado, perdone...". La amabilidad del soldado me animó y continué con el breve discurso que me había preparado y aprendido de antemano, y que decía así: "Siento mucho que el coronel no haya permitido la entrada de la "Bandera de lo divino" en el cuartel...". Noté la estupefacción pintada en la cara del soldado, pero continué: "y los pobres soldados no han podido ni dar su limosna ni besar la bandera. Voy a pedir a todos los soldados que me encuentre una pequeña moneda, para juntar muchas y llevárselas al vicario antes de la fiesta".

El buen soldado se desabotonó inmediatamente la chaqueta y, sacando una moneda, dijo: "Con mucho gusto, niña. Aquí está". Y me dio, no una pequeña moneda, sino un cruzeiro entero. Esto me puso muy contenta, y en mi felicidad le di mi medalla al generoso soldado. Solo después me di cuenta de que los otros soldados ya no podrían besar la Paloma.

Para concluir diré que aquella tarde hice una "buena colecta": treinta cruzeiros y algunos centavos (lo que para mí era un capital inmenso).

Ninguno de los buenos soldados me dio una moneda pequeña, que era todo lo que pedía, sino que cada uno me dio al menos un cruzeiro, y algunos hasta billetes de dos cruzeiros. Cuando volví a casa, guardé mi colecta en el cajón de mi mesa de estudio. Eran sobre todo monedas y no me gustaba así. Quería cambiarlas por un billete nuevo y bonito, que pondría en un sobre para llevarlo al vicario antes de la fiesta. Decidí ir dos días antes de la fiesta a la oficina del señor Cerqueira y pedirle que me cambiara las monedas. ¡Qué pena! Quería un solo billete, pero no había billetes de treinta cruzeiros. Si fuesen cincuenta cruzeiros, ¡qué bueno sería!

Entonces se me ocurrió una idea: "¿Y si no me comprara los zapatos blancos para el día de la fiesta y me pusiera los negros? Con los veinte cruzeiros que mi padre me había dado para comprarme los zapatos completaría los cincuenta cruzeiros y tendría un bonito billete para ponerlo en el sobre". ¡Vaya! No iría bien con un vestido blanco, medias blancas y toda de blanco excepto los zapatos negros. No, el Espíritu Santo ya se alegrará con lo que los soldados habían dado por su cuenta. Decidí así, comprar los zapatos y medias blancas.

Al abrir el cajón para coger el dinero de la colecta y preparar el paquete... ¡la santa mano de mi nuevo Amigo sobre mi hombro! ¡Su santo rostro esperaba algo de mí! "Sí, debo renunciar a los bonitos zapatitos blancos". Papá me había dado ya los veinte cruzeiros. Fui y le dije que no quería comprar los zapatos blancos y le pedí quedarme con el dinero, a lo que accedió.

Fui a la oficina del señor Cerqueira y le pedí un billete nuevo de cincuenta cruzeiros. El dinero sobrante lo echaría en la urna que había en la puerta de la parroquia. Volví a casa y pronto el billete ya estaba dentro de un sobre, que cerré. En él escribí: "Limosna de un grupo de soldados para la fiesta del Espíritu Santo" y lo llevé a la parroquia. Como no vi al vicario ni al sacristán dejé el sobre encima de la mesa de la sacristía.

En la víspera de la fiesta, de noche, tuve la gran alegría de leer en la lista de ofrendas: "¡Un grupo de soldados – Cincuenta cruzeiros!". Nadie descubrió nunca mi "hazaña". Fui a la fiesta con mis zapatos negros. Como recompensa recibí la dulcísima visita de nuestro Señor, que mostró estar muy contento con su amiguita, que le gustaba más con los zapatos negros que si hubiera llevado los zapatos blancos, aunque fueran más bonitos. Y disfruté de la "dulzura" de mi nuevo Amigo hasta el octavo día de la fiesta grande. Amén.

18. El dominó negro

Durante el carnaval de 1915 los únicos temas de conversación eran los bailes de máscaras, las cabalgatas y las reinas de los dos clubes. Cuando paseaba con mis amigas solo hablaban de sus maravillosos disfraces. Aún hoy recuerdo el disfraz que iba a llevar cada una de ellas: Leonina iría de princesa egipcia; Cléia, de Champagne; Prendinha, de alsaciana; Gizelda, de noruega, y tía E. de estudiante. Prendinha me hablaba de los otros grupos: los apaches, las colombinas, los dominós negros, los arlequines…

Yo también me entusiasmé con el carnaval. Era mi estreno social. Le dije a mi madre que quería disfrazarme como las otras chicas, y así fue. Mi tía se encargó de preparar mi disfraz, de pequeña apache. Me dio la información necesaria y algunas normas de etiqueta, y me dijo: "Debes participar en la polonesa con tu grupo, ya eres una señorita". Me asusté, porque solo sabía bailar lo que Acácia nos había enseñado en el gran porche, mientras tocaba música con un peine y nos juntaba a los niños del vecindario para bailar. Yo traté de explicarlo: "No sé bailar la polonesa y todo el mundo se reirá de mí".

"¿Qué más da?", respondió. "Se aprende equivocándose, y ya es tiempo de que empieces a ir a los bailes".

Mi entusiasmo se enfrió y me parece que si no hubiesen empezado a hacerme el disfraz me habría escabullido. Sin embargo, pronto volvió mi entusiasmo, especialmente cuando vi los disfraces de mis amigas y el mío, con falda de satén rojo brillante, un pequeño delantal de organdí blanco, una blusa del mismo material y un corselete de terciopelo negro, ajustado al frente con un lazo dorado. En la cabeza, un gran pañuelo de seda roja; las medias eran blancas y los zapatos rojo cereza. Cuando vi el disfraz completo me encantó.

Al fin llegó el famoso carnaval. Se desató una enorme rivalidad entre los dos clubs, el Armonía y el Jaguarense. Cada uno quería superar al contrario. Mamá, asustada, no quería dejarnos ir. Finalmente vino el coche y los jóvenes del comité aseguraron que no habría problemas. El punto de reunión era la casa de la reina, fuera de la cual había una cola interminable de coches decorados y una multitud disfrazada —chicos y chicas, niños y niñas—. Los miembros del comité organizador se apresuraban yendo de aquí para allá, tratando de distribuir los coches entre los diferentes grupos.

Finalmente dos señores se ocuparon de mí y me pusieron en un coche con dos chicas a las que no conocía. Iban disfrazadas de chinas. Me senté entre las dos bajo la capota, y en el lado contrario se sentaron dos "guardias suizos". Al poco la cabalgata empezó a moverse para rodear la plaza y luego dirigirse hacia el club. Empecé a sentirme mal. El gas o el humo de las bengalas me asfixiaba. Me arrepentí de haber venido. Deseaba estar con papá y mamá, en casa o en el colegio. No sabía dónde estaba mi tía o Gizelda. Quería estar con mis amigas y no con esos chicos desconocidos. Empecé a preocuparme por la polonesa de la que mi tía había hablado y que no sabía cómo bailar.

Al final llegamos al club. Los que íbamos disfrazados fuimos entrando, rodeando el gran vestíbulo. Buscaba ansiosa una cara conocida. Ahí estaba la reina en su trono. Ahora tocaba que las parejas desfilaran para la polonesa. Me sentía angustiada y sin darme cuenta, grité en lo profundo de mi alma: "¡Mi nuevo Amigo!". Como si fuera una respuesta, escuché un "Señorita". Me di la vuelta y vi a un hombre vestido de "dominó", con un disfraz de satén negro y una máscara de media cara de terciopelo negro. Me pidió ser mi pareja diciendo: "Señorita, formemos para la polonesa".

Le respondí, casi en una súplica: "Nunca he bailado la polonesa; hasta ahora siempre he sido niña". (Dije esto porque sabía que solo las chicas jóvenes debían participar en la polonesa y bailar con los mozos). "No sé formar para la polonesa ni bailar. Solo conozco los bailes que Acácia me ha enseñado". Él se rio bien alto, y respondió: "Señorita, no tenga miedo a equivocarse. Yo la enseñaré, será un gran honor ser su primer profesor de baile".

La música comenzó y las parejas ya estaban desfilando. Mis pasos eran inciertos y torpes y sentía que bailaba desacompasada. Sin embargo, mi profesor desconocido me animaba con su destreza y naturalidad. En un momento del baile, cuando entrábamos en el segundo salón, las parejas se separaban. Aturdida, me salí de la fila e intenté localizar a mi tía o a Gizelda. Sin embargo, una vez más vi al dominó negro, que se había ganado mi confianza, venir hacia mí.

Me alegré, pues este desconocido era mi único conocido. Me ofreció el brazo y me dijo: "Yo le acompañaré, soy su pareja". Le respondí: "Todavía no he visto a mi tía o a Gizelda, y me gustaría estar con ellas". "¿Cómo van disfrazadas?". "De noruega y de estudiante", dije yo. "¡Ah! Las he visto", dijo el dominó, "cuando se subían en su coche y salían para el Club Jaguarense". Me dieron ganas de llorar, me sentía sola y abandonada. Entonces el dominó intervino: "La llevaré allí, ¡no se preocupe!". Esto me alegró mucho y no sabía cómo dar las gracias a mi amable compañero. "Sí, sí", dije, "por favor lléveme; no quiero quedarme aquí".

"Espéreme aquí", dijo entonces, "mientras voy a por mi coche". Fui al balcón del club. En pocos minutos el dominó volvió, y dijo: "¡Vamos señorita!". Atravesamos el primer salón; la orquesta tocaba y las parejas bailaban. Cuando llegamos a la puerta principal que se abría ante la larga hilera de escalones de mármol que llevaban a la calle, el dómino me ofreció su mano. Al mismo tiempo, sentí que mi mano izquierda era agarrada por otra "mano amiga".

Vino a mi memoria la aterradora escena de 1905, en la Plaza de Santa Vitoria, con aquel enorme enmascarado de ojos centelleantes, que también me había cogido de la mano. Aterrorizada, miré a la cara del dominó, cubierta por la media máscara de terciopelo, y vi que sus ojos centelleaban de la misma manera. Su mano enguantada agarraba la mía y ahora tiraba con fuerza e intentaba que bajara las escaleras. Por su lado, la santa mano de mi nuevo Amigo lo impedía, tirando de mí hacia atrás. La escena de 1905 se repetía, casi por igual, en 1915. El dominó negro me paralizaba de terror. Sus ojos centelleaban detrás de la máscara. Su mano, cubierta por un guante negro de piel, casi me arrastraba, pero no lo conseguía. Por su parte, la santa mano de mi nuevo Amigo lo impedía, firme pero suavemente. Entonces el dominó negro me habló, ya no con modos de caballero: "¡Vámonos ya y deprisa!". Me dio un tirón fuerte para que me moviera, sin conseguirlo. Con una frase entrecortada me soltó y bajó corriendo los escalones, desapareciendo en la calle.

La santa mano de mi nuevo Amigo se posó ahora sobre mi hombro, no con fuerza, sino suave y amistosa. Miré hacia su santo rostro y encontré la "dulzura" que constituía mis delicias.

Volví tranquila al salón y me encontré con mi tía, que me estaba buscando. Mi abuela también estaba con ella. Entonces un "turista" me invitó a unirme a la "cuadrilla" y mi abuela me dijo que aceptara. El turista no llevaba máscara. Formé para la "cuadrilla" y —sea aquí alabada la grande, misericordiosa fidelidad de mi nuevo Amigo— él, el príncipe del Cielo, el santo mensajero del Dios altísimo, formó también para la "cuadrilla" junto con su amiguita, la miserable criatura a la que debía proteger y guiar.

Cuando acabó la "cuadrilla", el "turista" me llevó de nuevo con mi abuela. Los días siguientes no tuve ningún interés en ir a los bailes por la noche. Solo me acerqué por la tarde al desfile, pero ningún dominó negro se me acercó.

* * *

Mi nuevo Amigo, tu fidelidad y amor me salvaron ciertamente de un gran mal, que hasta hoy ignoro. Amén.

19. Estudios y exámenes

Era 1915, al principio del curso escolar. Papá me animaba mucho en mis estudios y mostraba mucho interés en que consiguiera buenas notas en comportamiento y aplicación. Mi padre revisaba al detalle el boletín trimestral. Los boletines eran unos cartones azules con las notas que el estudiante había obtenido en cada una de las asignaturas. Al final del informe había una "gran nota", que determinaba la posición que cada estudiante ocupaba en la clase.

Papá se entusiasmaba cuando leía en el boletín: "Primer lugar". Él se alegraba, mamá se ponía contenta y yo estaba inmensamente feliz. No obstante, casi siempre obtenía la segunda posición. Solo dos veces fui primera, y es que tenía una compañera, Elena, tan inteligente como aplicada y buena, y el primer lugar era siempre para ella de un modo merecidísimo. Las dos veces que obtuve el primer lugar fue empatada con ella.

A principios de aquel trimestre papá me dijo: "Si ganas el primer puesto recibirás un bonito regalo y le darás una gran alegría a tu padre". "Tengo que conseguirlo", le dije a papá, "cueste lo que cueste. Papá verá el primer puesto en el boletín azul". Me esforcé muchísimo. Estudié, estudié con ahínco. Siempre llevaba las lecciones bien preparadas y no había ningún tema de ninguna asignatura que temiera. Al empezar a estudiar le pedía cada día a mi nuevo Amigo que me ayudara. Visitaba a nuestra Señora en el colegio y hasta hacía novenas pidiendo obtener el primer lugar. Quería sobre todo agradar a papá más que recibir el regalo prometido. Y es que quería mucho a papá, y darle placer tenía más valor para mí que todos los regalos del mundo, por muy bonitos que fuesen.

Hacia el final del trimestre me sabía la respuesta a todas las preguntas de cada asignatura y no tenía ningún temor a equivocarme. Ya estaba segura de que conseguiría empatar en el primer puesto con Elena, que ignoraba, como la hermana Clementina y papá, el esfuerzo con que me estaba aplicando en mis estudios.

Historia: la Guerra de Troya

Un día, sin embargo, amanecí con fiebre y me tuve que quedar en la cama. Tenía paperas y perdí dos semanas de clase. Lógicamente me quedé atrás en las lecciones, que debería recuperar. Tendría que estudiar el doble y los exámenes estaban a la puerta. Estudié, estudié… ¡Todo recuperado! Estaba al día. En Historia Universal había dieciséis temas. Me los sabía todos de carrerilla con la excepción de uno, muy largo, sobre la Guerra de Troya. ¡Lo recuerdo muy bien! ¡Me resultó imposible recuperar ese tema! No tuve tiempo suficiente, estaba cansada y el tema era larguísimo... Pensaba: "Domino la repuesta a quince de las preguntas. ¡Qué mala suerte si me preguntan sobre la Guerra de Troya! Mi nuevo Amigo y nuestra Señora lo impedirán".

Llegaron los exámenes. Lo hice tan bien en las otras asignaturas que estaba segura de que lo conseguiría. ¡Llegó el día del examen de Historia! Me había estudiado el tema de la Guerra de Troya, pero era tan largo que no había conseguido retenerlo bien. Me acordaba únicamente, por lo interesante que era, de la historia del enorme caballo en cuyo vientre se habían escondido multitud de soldados.

Nos colocamos alrededor de la mesa de la hermana Clementina para escoger la pregunta. Metí la mano en la caja y tomé uno de los papeles, temblando. Lo desdoblé y leí: ¡La Guerra de Troya! Aquello fue una decepción tremenda. Entonces alguien

ESTUDIOS Y EXÁMENES

tiró de mi uniforme. Era M., que también temblaba, nerviosa, como yo. "Cambiémonos las preguntas, rápido", me dijo. "Yo me sé la Guerra de Troya mucho mejor que la que me ha tocado, las Guerras Médicas". "¡Ay! ¡Estoy salvada! Esa pregunta me la sé para sacar un diez". En ese momento, con la rapidez de un relámpago, más rápido incluso que el pensamiento —porque todavía no había tenido tiempo de considerar la propuesta que me acababan de hacer— ¡siento en mi hombro la santa mano de mi nuevo Amigo! En aquel instante pude razonar con claridad: "¿Pero qué clase de proposición es esta? Sería una bajeza hacerlo así. Prefiero sacar un cero que un diez ganado con una mentira". Le respondí a M.: "¡No! Engañaríamos a la hermana Clementina. Tú te sabes tu pregunta mucho mejor que yo la mía".

La hermana Clementina nos dio la señal para que fuéramos a nuestros lugares. Elena consiguió el primer puesto y yo fui la cuarta, pues no escribí nada sobre la Guerra de Troya salvo algunas frases sin mucha conexión. La Guerra de Troya estropeó mi boletín: saqué un cero en Historia Universal. Cuando, hundida, le enseñe el boletín de notas a papá, la santa mano de mi nuevo Amigo descansaba sobre mi hombro. No recibí el regalo de mi padre, pero la "dulzura" de la cara de mi nuevo Amigo significó para mí mucho más que los regalos más valiosos del mundo, y si no pude darle esa alegría aquella vez, más tarde pude hacerlo en muchas ocasiones, cuando Elena se fue a Cruz Alta.

La almohada mágica

El incidente que voy a narrar a continuación va a mostrar lo tonta y simple que era, lo limitado de mi inteligencia, y lo incapaz que era de hacer nada de mérito sin la ayuda de mi nuevo Amigo.

Una mañana del curso escolar de 1916, Alicia me dijo en el recreo: "Vamos al club esta tarde a las cuatro, y desde el balcón podremos ver el desfile de los *boy scouts*". Contrariada por no poder ir, le respondí: "¡Qué pena que el desfile sea a esa hora! Acabará tarde y no me dará tiempo a estudiar. Tenemos muchísimo que estudiar de Literatura, Catecismo y Geografía. ¡Me llevará dos horas aprendérmelo todo!".

Alicia contestó: "¿Y vas a dejar de ir al desfile solo porque tienes que estudiar? Eres una ignorante. Yo tengo que estudiar tanto como tú, pero solo hago los deberes que hay que escribir. Nunca estudio. Por la noche, cuando me voy a la cama, coloco el libro con la lección del día siguiente bajo mi almohada y al día siguiente me sé la lección perfectamente".

Mi sorpresa era absoluta, y maravillada le pregunté: "Y entonces, ¿cómo es que muchas veces no te sabes la lección?". Ella me respondió sin dudar: "Porque a veces no pongo el libro debajo de la almohada". Y continuó: "Prueba hoy. Cuando te vayas a dormir, pon el Catecismo y los libros de Literatura y Geografía debajo de la almohada. Mañana te sabrás las lecciones mejor que nunca en tu vida. Te lo garantizo".

No sabía cómo responder, tan admirada estaba. ¡Yo me pasaba las tardes estudiando, cuando había medios mucho más sencillos a mi alcance! Se lo agradecí de corazón a Alicia y le prometí darle la mejor de mis colecciones de estampas. Estaba contentísima: ahora podría ir al desfile de los *boy scouts*. Antes de separarnos quedamos en que Alicia me iría a buscar a las cuatro y que yo esperaría preparada.

Todo fue a las mil maravillas. Vimos el desfile desde el balcón del club. Al acabar, fuimos a dar una vuelta en automóvil con Isabel y Laura, que también estaban allí. Cuando la bocina anunció con su pitido estridente que era hora de encender las luces de las calles, me llevaron a casa. Estaba muy contenta. ¡Aquella tarde me lo había pasado fenomenal y al día siguiente me sabría las lecciones mejor que nunca! Fui y saqué de mi caja de estampas la colección que le había prometido a Alicia. Con el corazón lleno de alegría y gratitud, preparé el paquete con esmero, envolviéndolo con papel de seda y atándolo con una cinta.

A la hora de acostarme, completamente convencida y con absoluta buena fe, sin haber ni siquiera leído una sola de las lecciones que llevaba para el día siguiente, coloqué muy contenta el Catecismo y los libros de Literatura y Geografía debajo de la almohada. Poco después me dormí, con grandes expectativas para el día siguiente.

A la mañana siguiente, feliz como de costumbre, saqué los libros de debajo de la almohada. Sin haber leído las lecciones, ni comprobado si las había absorbido bien durante la noche —tan firme era mi convicción— me fui al colegio, llevando mi regalo para Alicia como prueba de gratitud. Cuando entré en la clase era todavía un poco pronto y Alicia aún no estaba allí. Al poco llegó, buscándome con la mirada. Le señalé discretamente el paquete que le había traído. La hermana Clementina indicó que empezara la oración y la clase comenzó.

La primera clase fue Religión. A la primera pregunta, todas levantaron la mano para responder. Entonces me di cuenta de que yo no sabía cuál era la respuesta. Con la segunda pregunta, lo mismo, y también con la tercera. No puedo describir mi decepción. Miré hacia Alicia, que a su vez miraba hacia mí y sonreía con ironía. Al fin me tocó responder a una pregunta. Me puse de pie con indescriptible confusión. No pude responder ni una palabra. Bajé la cabeza y solo con esfuerzo pude contener las lágrimas que se me saltaban.

La hermana Clementina me preguntó si estaba enferma. Yo negué con la cabeza. Entonces le preguntó a Alicia lo que yo no había sabido responder y ella contestó perfectamente. Mi decepción fue todavía más grande. Aún así no entendía la causa de todo aquello, y es que en mis dieciséis años de vida nunca había pensado que alguien pudiera engañar a otro, aunque fuera en broma. Cuando miraba a Alicia, ella me miraba también y sonreía con ironía. La clase de Religión llegó a su final. Después del recreo de las diez tendríamos Literatura y Geografía. Sonó la campana.

Pensé: "Tendría que haber abierto los libros cuando los puse debajo de la almohada, pero los metí cerrados" (había tenido alguna duda al respecto cuando me fui a dormir). La hermana Clementina dio la señal para que saliéramos de clase. Cuidadosamente, me metí en el bolsillo el paquete con las estampas. En cuanto nos dejaron libres, en el patio, Alicia vino corriendo hacia mí, riendo sin control. Todavía no acertaba a saber qué ocurría e iba a pasar de una gran decepción a otra. Con el paquete de estampas en la mano y mi corazón oprimido por las lágrimas que a punto estaban de saltárseme, me dispuse a escuchar lo que Alicia tuviera que decirme, pensando que me diría que tendría que haber colocado los libros abiertos. Entonces Alicia exclamó: "Nunca pensé que fueras tan ingenua. ¿De verdad que pusiste los libros bajo la almohada y no estudiaste? Vaya historia que te tragaste, mira que eres boba".

Con estas palabras se me quitó la venda de los ojos y lo entendí todo: ¡Alicia me había engañado! Hubo de inmediato una gran reacción en mi interior y en un instante un tropel de pensamientos cruzó mi mente: "Alicia me ha mentido y ahora se está riendo de mí". Humillada hasta el extremo, ahora contenía las lágrimas por amor propio. Alicia no debía verme llorar. Pero ella reía y reía, y viendo el paquete que tenía en la mano dijo: "Pero no renuncio a las estampas que me prometiste".

"Si no fueran estampas, las rompería en mil pedazos y te las tiraría a la cara en señal de desprecio". Estas fueron las palabras que me vinieron a la cabeza, pero no salieron de mi boca. En el momento clave, sin darme tiempo a decir nada, la santa mano de mi nuevo Amigo se posó sobre mi hombro y entendí que deseaba que le ofreciera el paquete a Alicia. Haciendo un gran esfuerzo para someter mi orgullo, así lo hice. Alicia lo aceptó, aún riéndose, y me lo agradeció con ironía. Quizá pensaba que yo le seguía la broma y no entendía que me estaba rompiendo el corazón.

Cuando volvimos a clase, se repitió con la Literatura y la Geografía la experiencia del Catecismo. Sin embargo, en esta ocasión la "dulzura" de mi nuevo Amigo consolaba mi alma y ya no sufrí más. La hermana Clementina dijo únicamente: "Cecy está enferma hoy. Dejémosla tranquila". Y ya no me preguntó más.

Aquella tarde, como excepción, le conté a mis padres lo que había ocurrido, omitiendo algunos detalles. Papá se río, ciertamente, pero después me dijo muy serio: "Hija mía, con dieciséis años, no estás libre de culpa". Mamá añadió: "Es una boba, se cree todo lo que le dicen. Si alguien le dijera: 'Tírate a este pozo de cabeza y llegarás al fondo sin un rasguño, se lo creería'".

En cuanto a mí, me dio bastante vergüenza darme cuenta de que había sido una tonta. Sin embargo, parece que este suceso no me sirvió de lección, porque seguí siendo igual de inocente. Lo he contado solo para que se vea cuánto trabajo tenía mi nuevo Amigo con la tonta de su amiguita. Amén.

Cecy Cony a la edad de veinte años.

20. *Triple censura*

En el año 1916 vino a Jaguarão una famosa compañía de opere-
tas, con una publicidad tremenda. Antes llegó un agente a Jaguarão para asegurar la acogida que recibiría la compañía, con-
tratada por el Teatro Esperanza. El tal agente fue por las casas
vendiendo abonos para las actuaciones. Mi padre no quiso
comprar un abono, era muy caro. Un palco para cinco personas
costaba doscientos cruzeiros. Dijo: "Quizá vayamos a algún espectáculo".

En el teatro

Al final llegó la compañía y aquella tarde los artistas, vestidos con trajes de gala, desfilaron por la ciudad en una larga procesión de automóviles con las capotas bajadas. El domingo era
el día del primer espectáculo y al volver de Misa recibí una nota
de Ana. Decía que en el palco que había reservado su padre había un lugar vacío y que me invitaba. Mis padres me dieron
permiso y por la noche esperé con ilusión a que viniera Ana. Así
sucedió y nos fuimos al teatro. Estaba lleno a rebosar. Todos los
palcos estaban ocupados y también todas las butacas de la pla-
tea. Allí estaba yo, en un palco, con Ana y su familia.

Sonó una campanilla. La orquesta de la compañía empezó a
tocar secciones de la ópera Guaraní[11]. Entonces se abrió el telón
y empezó la representación. Era una obra de Alexandre Dumas,

---

11 Obra maestra del compositor brasileño Carlos Gomes.

cuyo título no recuerdo. La primera escena se desarrollaba en una lujosa habitación de un castillo. Un caballero entró y empezó a hablar. Y de aquí no pasé. Las santas alas de mi nuevo Amigo se extendieron ante mí, como había ocurrido en otras ocasiones, y no vi ni oí nada más que la "dulzura" que me envolvía en cuerpo y alma (no sé si puedo decirlo así). Y se terminó el espectáculo.

Al día siguiente papá me preguntó por el argumento de la obra de teatro y no lo supe describir. Mamá se burló de mí, llamándome tonta, pero papá siempre era más amable conmigo. Me puse a llorar por la humillación que sentí. Mamá me consoló y me olvidé de este suceso. Tiempo después papá reservó un palco, pero yo le cedí mi sitio a una de mis tías. Mi abuela se quedó en casa conmigo aquella noche. Le dije a papá que no me gustaba el teatro, que prefería el circo. Él se rió y dijo: "Sí, ciertamente te gustan mucho los payasos". Papá pareció resignarse ante la estupidez de su hija, pero también percibí que, unido a aquella generosa resignación, había algo que le entristecía. Amén.

Una norma para beber

El carnaval de 1916 se acercaba. En Jaguarão eran costumbre los "bailes de anuncio" cuando se aproximaban las fiestas. Grupos de muchachos y muchachas, normalmente disfrazados de dominó, asaltaban en broma los clubs o las casas de diferentes familias, y el baile empezaba. Aquel día el lugar "asaltado" sería el Club Jaguarense y allí fui yo también, arrastrada por el entusiasmo de mis amigas.

Para ser franca, no me gustaban mucho los bailes y otras reuniones sociales; me irritaban algunas normas de etiqueta. En una ocasión, en el cumpleaños del capitán B., papá me dijo que le había avergonzado. La causa fue que cuando llegó el brindis dije que no me gustaba el champán y el mayor E. tuvo que ir a por otra bebida. Me gustaba decir y hacer las cosas tal y como las sentía.

En otra reunión había un doctor al que le gustaba pasearse por el vestíbulo hablando en un lenguaje tan pomposo y difícil que no entendía nada de lo que decía, ni tenía idea de cómo responderle. Así que le dije: "¿Le importaría hablarme de manera más sencilla? En casa, papá no habla así, ni las hermanas en el colegio". Le hizo mucha gracia y se rio, diciendo que todavía era una colegiala inocente. Debido a estos sucesos empecé a sentir rechazo por estas reuniones, y solo iba llevada por el entusiasmo de otras.

Pero he de volver a mi narración. Fui al club Jaguarense, al baile que he mencionado, vestida de dominó con un disfraz amarillo. Estaba sentada con una de mis amigas en el salón cuando se acercaron dos chicos para invitarnos a bailar, uno invitó a mi amiga y otro a mí. Yo todavía no sabía bailar bien, y así se lo dije. Él, en cambio, dijo que yo bailaba muy bien y bailó todo el rato conmigo. Solo ahora entiendo que el cumplido era el mismo que le dirigía a todas sus parejas de baile. Finalmente le dije que estaba cansada y que quería volver a mi sitio. Sin embargo, el joven me llevó al bar, escogió una de las mesas vacías y pidió algo de beber.

En aquel momento hubiera preferido un sorbete, pero recordé el incidente del champán y acepté la bebida que me ofreció. El chico, al que no conocía, me ofreció otra copa. Pensé que a lo mejor sería de mala educación rehusar una segunda bebida, así que la acepté e hice por llevarme el vaso a los labios. No llegaron a mojarse, pues sentí mi brazo suavemente sujetado por la santa mano de mi nuevo Amigo. El chico insistió, pero dada la oposición de mi nuevo Amigo a que lo hiciera, entendí perfectamente que no sería de mala educación rechazarla. Dije: "Muchas gracias, pero no suelo tomar más que una copa de cualquier bebida". El respondió que el vaso era muy pequeño. Sin embargo, la santa mano de mi nuevo Amigo estaba sobre mi hombro.

Estoy segura de que si mi nuevo Amigo no me lo hubiese impedido habría bebido tantas copas como aquel joven me hubiese ofrecido. No consideraba el efecto que tanta bebida podría causarme; por lo que papá me había dicho, tenía una idea equivocada sobre lo que suponía una falta de etiqueta.

Mi nuevo Amigo permaneció con su santa mano sobre mi hombro durante todo el tiempo que pasé en la mesa con aquel chico. Su santo rostro aparecía con una severidad plácida, pero triste. Entendí por ello que le desagradaba que siguiera allí con el chico. Por eso, sin dar ninguna explicación me levanté y le dije a mi pareja que me volvía al salón. Él quiso acompañarme, pero le dije que prefería volver sola, y así lo hice.

* * *

Oh, mi nuevo Amigo, al escribir esto me doy cuenta de que una vez más me libraste de un mal. Salvaste a tu amiguita de muchos males, sin que fuera consciente de ello. Solo ahora lo traigo todo a mi memoria y reconozco que me libraste de muchos males y peligros.

Mi nuevo Amigo, todavía te quiero mucho, a pesar de que te hayas escondido, dejando a tu pobre amiga como abandonada. Pero sé bien que lo haces porque nuestro Señor lo quiere. Por eso yo también lo quiero y confío siempre en tu protección. Amén.

Un libro inadecuado

En el año 1916, el Instituto Espíritu Santo de Jaguarão se cerró, trasladándose a Jaú, en el Estado de São Paulo. Sufrí la inmensa pérdida de mi director espiritual, el padre Godofredo Evers. Había sido mi director desde que tenía diez años y cada semana me trazaba la ruta que había de seguir.

En el año 1917 empezó una nueva etapa en mi vida. Fui víctima de violentos escrúpulos, y juzgaba haber actuado mal en cualquier acción. Sufrí este cruel tormento durante largo tiempo. Sin embargo, tenía gran amor a nuestro Señor, a nuestra Señora y a mi nuevo Amigo, y mi conciencia nunca me acusó de haber sido infiel a sus inspiraciones (quiero decir "voluntariamente"). ¡Qué gracia extraordinaria de mi Dios! El horror al pecado aumentó considerablemente en mi alma y creo que fue esa la causa de que pudiera atravesar sin daño esa difícil fase de mi juventud. Durante las horas de ocio y los días de fiesta y vacaciones, como buscando aliviar el combate que se libraba en mi alma, empecé a refugiarme en la lectura.

En el colegio había una biblioteca y cada sábado podíamos coger un libro, que habríamos de devolver el lunes. El P. Godofredo era quien me decía qué libro leer. En las reuniones de las Hijas de María mencionaba a menudo el peligro que suponían las malas lecturas. Me infundió con ello tal temor a las malas lecturas que si caía un libro desconocido en mis manos me sentía incapaz de hojearlo, a no ser que las circunstancias me obligaran a hacerlo. Sin embargo, ahora me faltaba su fiel consejo.

Tenía cierta prevención hacia los libros del colegio. Una vez otra estudiante me recomendó un libro de la biblioteca titulado *Magna Peccatrix*, pero el padre Godofredo me dijo: "Ese libro no es malo, pero no quiero que lo leas, ni ahora ni luego". Ese libro cayó en mis manos en dos ocasiones, pero gracias a Dios no llegué ni a abrirlo.

Los sábados iba a la biblioteca y cogía la lista de libros. Entonces le pedía a mi nuevo Amigo que eligiera el libro por mí. Sin que nadie se diera cuenta cerraba los ojos y con el dedo sobre la columna de los números de la lista, escogía uno al azar.

Un sábado la biblioteca no pudo atendernos y nos quedamos sin libro, con gran disgusto para mí. Al llegar a casa eché de menos la lectura. Me acordé de una de mis amigas, a la que le gustaba mucho leer y que siempre tenía muchos libros. Le mandé una nota, pidiéndole que me eligiera un libro interesante y que me lo enviara. Tal era mi ansiedad por leer que se me olvidaron mis temores y en aquella ocasión no los tuve en cuenta. Al poco recibí un bonito volumen nuevo titulado *Las vestales*.

Tenía la costumbre de leer en mi habitación, así que, sintiéndome muy afortunada, me fui para allá. Me senté y tomé el libro. Apenas hice por abrirlo por la primera página cuando la santa mano de mi nuevo Amigo se apoyó en la mía, de modo que el libro se cerró y se cayó al suelo. Miré su santo rostro: triste y serio. Entendí entonces que no debía leer aquel libro.

Mi alma se llenó de un gran arrepentimiento, pues había cogido, por primera vez, un libro sin haber consultado antes a mi nuevo Amigo, como había sido mi costumbre tras la marcha del padre Godofredo. Me arrodillé y pedí perdón a nuestra Señora y a mi nuevo Amigo. Lloré lágrimas de verdadero arrepentimiento. Tras unos momentos, con la cabeza sobre mi cama mientras lloraba, sentí de nuevo la santa mano, como acariciándome. Entendí bien lo que mi nuevo Amigo quería decir, tan habituada estaba a Él. Volvía a estar contento con su pobre amiga arrepentida. Su santo rostro ya no estaba triste. Era mi Cielo aquí.

Con los ojos cerrados recogí el libro. Lo envolví y se lo envié de vuelta a mi amiga, diciéndole con franqueza que me había acordado de que no debía leer ningún libro sin permiso de mi confesor. Amén.

21. Mi padre y yo salvados del peligro

Papá estaba aún en la colonia militar del Alto Uruguay. En aquella colonia no había casas de construcción permanente y antes de ir allí el gobierno encargó la construcción de una casa de madera barnizada, que fue amueblada. Papá vivía solo (pues nosotros estábamos siempre en Jaguarão), con la cocinera y otra criada que cuidaba de la casa y un ordenanza. Ya he descrito cuánto echaba de menos a mi padre, cuyo recuerdo estaba siempre conmigo. Le añoraba y me preocupaba mucho por él, sufriendo al pensar que no tendría nadie que cuidara de él si se ponía enfermo, y otras aprensiones similares que sentía.

Era incapaz de dormir por la noche sin rezar un rosario entero por papá si no había hecho ningún "gran" sacrificio por él. Antes de dormirme mi última petición a mi nuevo Amigo era invariablemente esta: "Oh, mi nuevo Amigo, en cuanto me quede dormida, ve a papá y cuida de él, junto a su nuevo Amigo". Solo entonces me dormía en paz.

Fuego en la noche

Un día me sentía más sola de lo habitual ante la ausencia de mi padre. Seguí ofreciendo pequeños sacrificios por él y le ofrecí varios rosarios a nuestra Señora por él. Deseaba estar con él. Sólo pensaba en él. Aquella noche le pedí a mi nuevo Amigo que se fuera con papá ya antes de acostarme. Cuando ya era tarde y todos estaban dormidos me desperté pensando en mi padre. Estábamos en pleno invierno. Como no tenía sueño, se me ocurrió rezar el rosario por mi padre, pero en la cama, pues el frío no me animaba a levantarme y ponerme de rodillas.

Empecé la primera parte del rosario, pero no llegué a rezar tres avemarías. Un fuerte impulso me hizo levantarme: debía rezar de rodillas. Lo hice. De rodillas al pie de la cama, recé con la mayor devoción de la que mi alma era capaz, con la firmísima convicción de que papá necesitaba mis oraciones. No solo recé los cinco misterios del rosario, sino que después rece un rosario con la oración "Recuerda que a ti pertenezco" y otro con la oración al santo ángel.

Mi nuevo Amigo no se había manifestado hasta entonces. No le echaba de menos, pues le había pedido que estuviera con papá. Al acabar el rosario de oraciones al santo ángel empecé otro de glorias, tan fuerte era mi deseo de rezar, a pesar del intenso frío que sentía, de la oscuridad y el silencio reinantes. Al acabar diez glorias sentí la santa mano de mi nuevo Amigo sobre mi cabeza, como acariciándome, como si me dijera: "Basta. Papá está a salvo". (Lo sentía así, con convicción). Volví a la cama y en poco tiempo, llena de paz, de santa paz, me quedé dormida.

Pasados algunos días mamá recibió una larga carta de papá, con algunos recortes de periódico en los que se relataba el caso. Papá había arrestado a un soldado por una falta de disciplina. Cuando su periodo de arresto terminó fue puesto en libertad. Dos o tres noches después (exactamente la noche en que me había levantado para rezar) papá se despertó con el ruido de violentos estallidos dentro de la casa y se vio rodeado por un intenso resplandor. Viendo que la casa estaba en llamas saltó de la cama. Quiso ir a la habitación contigua para rescatar algunos papeles importantes. ¡Imposible! Las llamas lo devoraban todo, era estremecedor. Intentó pasar a través de la otra puerta, pero era igual. Las llamas lo rodeaban todo.

Corrió entonces hacia la ventana, pero el fuego o el calor parecían haberla arqueado y no pudo abrirla. De repente, sin embargo, hubo un fuerte estallido y se abrió la ventana, con las llamas ya lamiendo sus hojas, y papá consiguió escapar justo a tiempo.

Papá dio entonces la señal de alarma, y vino ayuda. Se abrió una investigación y el caso fue puesto al descubierto. El pobre soldado confesó que, como venganza, había prendido fuego a la casa.

He narrado este hecho porque tengo la firme convicción de que fue mi nuevo Amigo quien salvó a papá. Hasta creo que fue él quien abrió la ventana para que papá se salvara. Como era mi costumbre, sin que sepa explicarlo, no le conté a nadie lo sucedido aquella noche de los rosarios. Sólo sé que mi nuevo Amigo me dejó rezando cuando fue a salvar a papá y que cuando puso su santa mano sobre mi cabeza papá ya estaba a salvo.

* * *

Mi nuevo Amigo, ¡que el buen Dios sea glorificado en tu fidelidad! Amén.

Un visitante borracho

Un año después del fuego en la colonia militar, el gobierno la disolvió y vendió aquella propiedad. Mi padre fue a Porto Alegre, pero nosotros permanecimos en Jaguarão. Mamá acostumbraba a visitar a nuestra abuela todas las noches después de la cena. Mis hermanos siempre acompañaban a mi madre, mientras que yo me quedaba en casa con Conçeição, Acácia y Abelino (el soldado que papá había traído de Santa Vitoria). Siempre tenía mucho que estudiar, pues era muy lenta para hacer la tarea y la tarde no me era suficiente.

Era una noche de verano. Estaba estudiando en la gran veranda de delante de la casa, que quedaba tras el pasillo de la entrada. Todo estaba abierto, el portón de la calle y la puerta que daba a la veranda. Estaba estudiando en la punta de la mesa grande que había en el centro de la veranda. Me sentía sola por la ausencia de mi padre; no podía habituarme a ella pesar de sus frecuentes visitas. De vez en cuando miraba hacia la silla que estaba en una de las esquinas, en la que si mi padre estuviera en casa me haría compañía leyendo los periódicos. Entonces me invadió un gran deseo de ver a mi padre.

Estaba estudiando sola. En esas circunstancias mi nuevo Amigo no solía manifestarse, aunque siempre le sentía a mi lado. Raramente cambiaba de sitio. Cuando mi padre no estaba en casa, si mamá iba a visitar a mi abuela, le ordenaba a Abelino que no saliera de casa y que se quedara con Acácia, con Conçeição y conmigo. Abelino se quedaba siempre en la parte de atrás de la casa, y a aquella hora de la noche normalmente estaba llenando para Acácia el barril y los cántaros con agua. Acácia y Conçeição estaban poniendo orden en la cocina.

Estaba tan absorbida en mis estudios que alguien entró sin que me diera cuenta y se puso en el extremo opuesto de la mesa. Elevé la vista y la sorpresa y el terror hicieron que la voz no pudiera salir de mi garganta y mis miembros quedaran como paralizados. Quería gritar y huir, pero no podía. El hombre parecía estar borracho, porque se mantenía en pie apoyándose en la mesa con las dos manos. Vestía a la gaucha, como generalmente visten tales hombres en Jaguarão. Era alto y fuerte, su rostro malvado y su mirada de tonto. Colgando del cinturón vi la vaina de un cuchillo.

No puedo decir cuánto tiempo estuvo mirándome a mí y yo a él, pero fue muy breve. Entonces intentó acercarse mí, rodeando la mesa y apoyándose en ella. Habló en uruguayo (muy común en Jaguarão, cerca de la frontera uruguaya)· "Si hablas, te estrangulo". El terror me invadía y solo con gran esfuerzo logré decir a media voz: "¡Mi nuevo Amigo!". Su santa mano se apoyó en mi hombro. El terror que me había paralizado desapareció como por encanto. Pude ponerme de pie para llamar a Acácia y el hombre huyó, derribando una silla.

Me paré entonces, y observé el santo rostro de mi nuevo Amigo. ¡Estaba serio! ¡Ah!, entonces entendí y me di cuenta de mi falta. Poco después de que mamá saliera le pedí a Abelino que fuera a comprarme chocolate. Se negó en redondo, diciendo que debía permanecer en casa en ausencia de mi madre. Pero yo, que no estaba acostumbrada a recibir negativas, tanto insistí y tantas razones le di ("anda, Abelino, que es solo una carrerita", "que todavía es pronto", "si a mamá no le va a importar", "está cerca") que al final el buen Abelino, aunque muy contrariado, fue para allá. Cuando volvió el intruso ya había huido.

No le conté a Abelino lo que había ocurrido. No, gracias a Dios, porque deseara ocultar mi falta, sino porque él, siempre tan recto y cumplidor de sus deberes, se afligiría en exceso y se acusaría a sí mismo. Además mamá le reñiría.

Cuando Abelino volvió el arrepentimiento que ya sentía se hizo aún más grande. Cuando me entregó el paquete de chocolate me dijo: "He ido y vuelto casi corriendo, estaba muy preocupado. No me pida hacer esto otra vez. Así no merezco la confianza que doña Antoninha deposita en mí". Casi no pude contener las lágrimas que se me saltaban. Apenas pude decir: "Gracias, Abelino". No toqué el chocolate. Al día siguiente se lo ofrecí a Abelino, pero no lo aceptó. Entonces se lo di a Acácia y a Conçeição.

Aquella noche no tomé té, como era mi costumbre, sino que me retiré pronto. Antes, con sincero arrepentimiento, le pedí perdón a nuestro Señor y a mi nuevo Amigo, que siempre me perdonaban. Lloré de arrepentimiento, y cuando las lágrimas pararon miré hacia el santo rostro de mi nuevo Amigo. Percibí aquella "dulzura" que me hacía olvidarme de todo y me llenaba de verdadera paz. Al día siguiente, sin esperar al sábado, fui con otra compañera a la parroquia, donde me confesé. Nuestro Señor me perdonó. Los únicos que supieron de este suceso fueron nuestro Señor y mi nuevo Amigo, y aquí en la tierra, el padre confesor. Amén.

Miguel

En 1918 papá se fue a Rio de Janeiro y nosotros nos quedamos en Jaguarão. Sentí la ausencia de papá mucho más que en otras ocasiones, aunque ya tenía dieciocho años. Y declaro aquí con absoluta convicción que no hubiera sido capaz de soportar la ausencia y la nostalgia de mi padre de no ser porque en aquellos momentos sentía más vivamente la presencia de nuestro Señor y de mi nuevo Amigo.

Papá era para mí un "segundo nuevo Amigo" visible. Cuando estaba enferma y él estaba en casa, no se separaba de mi cama. Colocaba su silla al lado de mi cama y allí se quedaba mi "nuevo Amigo visible", dándome las medicinas y probando mi comida para ver si estaba bien preparada. De ahí la gran y casi insoportable soledad que sentía cuando él estaba ausente.

Pues bien, papá se fue a Rio en 1918. Los primeros meses pasaron más o menos bien. En Rio papá se hospedaba en un hotel. Mamá recibía cartas suyas con puntual regularidad. Entonces hubo un intervalo sin cartas. Finalmente recibimos un telegrama suyo, diciendo que estaba enfermo, pero que no nos preocupáramos. Ahora, a causa del episodio del fuego en la colonia militar, rezaba todas las noches después de que las luces se apagaran. Me levantaba y me ponía de rodillas al pie de la cama mientras rezaba el rosario a nuestra Señora, después un rosario con la oración "Recuerda que a ti pertenezco" y otro con la oración al santo ángel del Señor, hasta que su santa mano, apoyándose sobre mi hombro, me anunciaba que ya era suficiente.

Así, invariablemente, se repetía la escena. Cuando comenzaba mi oración le pedía a mi nuevo Amigo que fuera con papá. Mi santo y fidelísimo Amigo jamás se negaba ante esta petición de su amiguita. Cada noche iba a visitar a papá mientras yo me quedaba rezando. Me anunciaba su retorno posando suavemente su mano sobre mi hombro. Solo entonces podía dormirme.

Esto es lo que le sucedió a papá. Una tarde regresaba al hotel y ya en el tranvía empezó a sentirse indispuesto. Al llegar al hotel le dijo el botones que se sentía mal y le pidió que llamara a un médico. Comenzaban a aparecer en Rio de Janeiro los primeros casos de gripe española, hasta entonces desconocida, y papá fue una de las primeras víctimas. Estaba a las puertas de la muerte.

Los telegramas de mamá eran respondidos por el botones. Durante muchos años papá no dejó de recordar y alabar la honradez, dedicación y fidelidad de este simple mozo de habitaciones, para el que mi padre era un perfecto extraño. Guardo hasta hoy su nombre en mi corazón: "Miguel". No le conocí, pero estoy segura de que mi nuevo Amigo se sirvió de él. Y ahora veo con santa alegría que este buen mozo se llamaba Miguel, cosa que entonces no sabía, igual que mi nuevo Amigo.

En aquella sección del edificio hubo veinticuatro muertos. Cuando esta terrible epidemia golpeaba con toda su fuerza, era difícil encontrar médicos y a los enfermeros se les pagaban enormes sumas por su trabajo durante la noche. Miguel acompañó a papá con más dedicación que un hijo. A papá nunca le faltó ni la más mínima cosa. Cuando el primer médico cayó enfermo Miguel consiguió otro. Cuando este también cayó enfermo Miguel trajo un tercero y un cuarto. ¡Cómo disfrutaba escuchando a papá alabar al buen Miguel!

Papá estuvo convaleciente varios meses. Ni siquiera podía sentarse en la cama sin ayuda, ¡pero Miguel estaba ahí! Cuando papá cogió algo de fuerza ya fue capaz de bajar al jardín para que le diera el sol, y ahí estaba el brazo del nobilísimo Miguel para que papá se apoyara. Pido perdón al lector si me estoy extendiendo demasiado en describir todo lo que Miguel hizo por papá, pero es que siento un santo entusiasmo cuando hablo de aquel buen chico. Admiraba a aquella alma escogida y sentía un santo amor, un amor de gratitud y admiración, en mi propia alma cada vez que papá me hablaba de él. Nunca vi a papá llorar, ni siquiera en la muerte de mi hermana Dilsa. Y sin embargo, cada vez que le oía hablar de Miguel me parecía ver lágrimas brillando en sus ojos.

Cuando papá se restableció completamente y fue capaz de viajar se preparó para venir a Jaguarão. Recuerdo bien cómo me lo contaba: "¡Aquel sencillo joven, de exterior tan humilde, escondía un gran alma, un corazón ideal y un carácter ejemplar! En mí, un viejo soldado que siempre peleó por conservar una conciencia pura y ennoblecer su carácter, su presencia siempre inspiró respeto y admiración. Miguel jamás aceptó una recompensa. Le dije que aunque mi fortuna consistía en el modesto salario de oficial del ejército, podría permitirme darle cierta cantidad de dinero. Pero Miguel lo rechazó con llaneza".

Papá, muy conmovido y deseando expresar su agradecimiento, se sacó el anillo del dedo y se lo ofreció a Miguel, pidiéndole que no lo rechazara. Fue en vano. Miguel le dijo a papá: "Usted tiene familia. Ofrézcaselo a una de sus hijas, y me consideraré doblemente pagado".

Esto fue lo que papá hizo nada más llegar a casa. Me llamó y me puso el anillo en el dedo, diciéndome: "Hija mía, quiero cumplir la voluntad del mejor amigo que he tenido jamás en este mundo, el hombre más honrado y noble que he conocido en mi vida". Entonces papá me relató las obras hermosas y ejemplares de Miguel, a quien, a pesar de no conocer, estimé de veras. Desde aquel día estuve convencida de que el buen Miguel ciertamente tenía alguna relación con mi nuevo Amigo.

En este momento, al escribir estas páginas, estoy aún más convencida. Miguel se llamaba el buen chico, y hoy sé que mi nuevo Amigo también se llama Miguel. Papá escribió muchas veces a Miguel, pero nunca tuvo la alegría de recibir contestación. Me dijo que, durante los largos paseos por el parque, Miguel se mostraba siempre muy reservado y discreto cuando se interesaba por él, intentando conocer algo de su familia, de sus recursos, de su vida… Papá no fue capaz de conocer más cosas del buen joven, aparte de su nombre. Cuando mi padre terminaba de contarme algo de Miguel siempre añadía: "¡Alma escogida para grandes cosas!". No obstante, nunca entendí nada de esta exclamación de papá. Amén.

22. La tentación de la belleza

Finales de 1918. Es el último año en mi querido colegio de la Inmaculada Concepción. Las Hijas de María de la ciudad (pues la Congregación del colegio estaba formada solo por alumnas) decidió organizar un festival a beneficio de la Sociedad de Trabajadoras de Santa Isabel y pidieron ayuda a las Hijas de María del colegio. Decidieron representar la obra de teatro *Miriam*. La madre Susana cedió el teatro del colegio. Los ensayos fueron dirigidos por doña Isaura Vargas (hoy sor Nuncia), que era profesora de Primaria y residía en nuestro colegio.

Fui elegida para participar en la obra de teatro. El papel que me tocó fue el de "Cornelia", dama romana de "deslumbrante belleza". Acepté el papel con naturalidad, sin ser consciente de que era fea, y no se me pasó por la mente cómo podría ser transformada en alguien con "deslumbrante belleza".

Otro personaje de la obra era "Faustina", otra dama romana. Era hermana de "Faustina", pero de belleza modesta. Este papel se lo dieron a otra compañera, que era realmente guapa y que tenía todas las cualidades para representar el papel que me tocó a mí. No sé por qué se dio este aparente error en el casting. El papel de "Cornelia" me lo dieron a mí, que era fea y poco agraciada. Las chicas encargadas del festival fueron quienes repartieron los papeles, empezando por Dª Isaura, que recibió el papel de Gedeón, joven israelita. Pero el caso es que yo no pensé que la distribución de los papeles hubiera sido incorrecta y, muy contenta, acepté mi papel, que era importante y empecé a aprenderme el texto para el primer ensayo.

En casa les hablé a papá y a mamá del papel que tenía en la obra, y les describí el argumento. Papá, siempre interesado en todo lo que se refería a nosotros, me escuchó sin interrumpir. Luego leyó todo el texto que correspondía a mi personaje. Al acabar dijo: "La obra parece muy bonita, pero también me parece que los que organizan el festival no han distribuido correctamente los papeles, al menos el tuyo. La dama romana era de gran belleza y también muy orgullosa, dominaba a todos. Mi hija no será capaz de interpretar este papel, no le va a agradar al público".

Solo entonces, al escuchar a mi padre, fui consciente de la realidad. Sabía muy bien que no era guapa, incluso me consideraba fea, y por eso me di cuenta de que papá tenía razón, como siempre, y le respondí: "Sí papá, es verdad. Este drama va a quedar fenomenal cuando el joven israelita proclame la "deslumbrante belleza" de la hija del senador romano. Y después, ¡qué decepción para el público! ¡Si lo que aparece es una señorita horrible!". Mi padre se rio mucho. Me cogió y me abrazó, y acariciándome me dijo: "Mañana le devuelves el papel a la chica que te lo dio, se lo agradeces, le explicas con franqueza el motivo de la devolución y te ofreces para otro papel, por ejemplo el de Eufrosina o el de Gedeón".

Al día siguiente hice lo que papá me había dicho. Fui a doña Honorina, la prefecta de la Hermandad, la principal encargada del festival, y se lo expliqué todo. Ella también se rio bastante y abrazándome me dijo: "No hay nadie por encima de mí a cargo del festival. Vas a parecer tan guapa como Cornelia. Vicky se encargará de tu transformación". Y me pidió que permaneciera en mi papel. Le prometí que lo haría, aunque con la condición de no asumir ninguna responsabilidad si Vicky "no me volvía hermosa". Se lo expliqué todo a papá, que dejó de oponerse. Mamá se quejaba, y decía que no iría al festival para ver "damas feas".

Los ensayos se sucedieron sin dificultad y llegó el día de hacerlo con vestuario. Vicky me trajo el precioso vestido que había llevado como reina del último carnaval en el club Jaguarense. Era realmente bonito. Las chicas arreglaron el largo manto de terciopelo y armiño de acuerdo con la costumbre romana. Tenía todo lo que necesitaba: anillos, brazaletes, pulseras, una preciosa diadema de perlas y grandes pendientes al estilo romano. En los pies llevaba unas sandalias de satén blanco con remaches de oro.

Vicky, muy hábil y experta en el "asunto", se encargó de mí. La víspera me rizó el pelo para peinarme "a la romana", tomando como modelo un dibujo que consiguió. Finalmente estuve preparada. Las otras actrices y las chicas me decían: "¡Guapa!". Me pusieron frente al espejo y me quedé muy satisfecha con mi "supuesta belleza". ¡Casi no me reconocía! No es de extrañar, llevaba un verdadero atelier de pintura encima: agua de lirio, colorete, azul para los ojos, pintalabios y no sé cuantos ingredientes más que me puso Vicky.

Oí tanto sobre lo guapa que estaba que, mientras me miraba de nuevo en el espejo, pensaba: "Voy a comprar agua de lirio y el resto de cosas que Vicky ha usado. Así podré estar siempre tan guapa como hoy". Apenas se me había ocurrido esta idea cuando una santa mano muy conocida se puso sobre mi hombro. Su santo rostro estaba dolorosamente triste. Entonces lo entendí todo. En medio de aquel griterío de voces y risas, vestidos y flores, actrices maquilladas y chicas ayudándonos a vestirnos, de murmullo del público en el salón y de música que ya sonaba, en medio de aquella gran confusión, experimentaba una pena y arrepentimiento enormes. Había entendido aquella "voz amiga": "¡Si fuera tan guapa como aparecía entonces, mi alma estaría horriblemente deformada!".

¡Qué loca fui! ¿Por qué desear la belleza física, puramente exterior, si mi alma era más bella que la más deslumbrante de las bellezas físicas? ¡Mientras pensaba así sentía el deseo de quitarme todo, que ahora me repugnaba, y de quitarme la capa de pintura y polvos que no era más que una máscara! ¡Pero era imposible! La representación estaba comenzando, con mi pobre alma oprimida por el dolor, pero también, gracias a Dios, por la bendita y salvadora gracia del arrepentimiento. De nuevo, gracias a Dios y a mi nuevo Amigo, esta "santa lección" fue muy saludable. Nunca después tuve la ocasión de verme guapa, y nunca más me preocupé por parecerlo. Y le he dado gracias a Dios a menudo por ser fea, pues sé que si fuera guapa, mi alma entonces sería fea.

Una o dos semanas después del mencionado festival, la ciudad recibió la visita del obispo de Pelotas y repetimos la representación para su excelencia. Esta vez, sin embargo, me opuse con vehemencia al "ingrediente" del maquillaje. Solo usé un poco de polvo de arroz, y porque la hermana Clementina me lo mandó. Me parece que nadie me encontró fea, y que su excelencia disfrutó con la obra de teatro. Antes de comenzar la actuación, cuando ya estaba vestida y adornada, doña Honorina me trajo el espejo. Entonces la santa mano de mi nuevo Amigo se posó de nuevo sobre mi hombro y la dulzura de su santo rostro deleitó mi alma.

23. *Un baile en el campo*

En 1919 cierta señora, a la que llamaremos doña Sara, compró una casa en nuestro barrio para pasar el invierno en la ciudad, pues era una hacendada y pasaba el verano en la hacienda o en una bonita granja que estaba a una hora de viaje en coche desde la ciudad. Pues bien, éramos conocidos de esta señora que era muy alegre y expansiva y acostumbraba a dar fiestas en su granja o en la hacienda.

En 1919, con ocasión del cumpleaños de su hijo, doña Sara organizó una fiesta familiar en su granja. Estábamos entre los invitados, ¡qué contenta estaba aquel día! Los coches con los invitados formaban una continua hilera que recorría la carretera de la ciudad a su granja. Fuimos por la tarde. Había también algunas chicas de campo, ¡corazones de oro y almas de cristal! Me encantaban aquellas chicas, pues eran alegres y joviales, buenas y sinceras. Tenían la sencillez de los niños y una moral santa. No tenían mucha educación y eran un poco tímidas, pero disfrutaba de su compañía.

Aquella noche hubo un baile, con una orquesta que vino de la ciudad. Y allí estaban las chicas de campo, con sus trajes "raros", según decían las chicas de la ciudad. Entre aquellas chicas de campo había una de unos diecisiete o dieciocho años. No me acuerdo de su nombre, pero realmente era una chica estupenda. Era huérfana de madre y vivía en la hacienda con su padre y una anciana sirvienta. Raramente iba a la ciudad y era timidísima.

Cuando empezó el baile un joven se le acercó y la sacó a bailar. La pobrecita no bailaba, solo daba algunos pasos desacompasados, provocando la risa de los asistentes. Es cierto que sus esfuerzos por bailar eran cómicos y los que no se reían se contenían solo por caridad. Inmediatamente me acordé de mí misma, en la misma situación que ella en aquel baile en que el dominó negro fue mi pareja, cuando no podía dar más que unos torpes pasos.

Al poco todos querían reírse de ella y los mozos de la ciudad la sacaban a bailar. La pobre chiquilla, muy contenta, aceptaba siempre y se ponía a dar vueltas torpemente. Los asistentes se reían y reían a costa de la chiquilla, que era un ángel. Sentía pena, mucha pena, por ella y por casualidad se sentó a mi lado. Estaba encantada con la fiesta y me dijo que estaba disfrutando mucho del baile.

Después se anunció la "polca del bastón". Este baile familiar consistía en formar muchas parejas (una chica con un chico), pero entre ellas debía haber un chico o chica de más. La primera vez fue una chica la que quedó sin pareja. Esta, con un bastón en la mano, se ponía en medio de la sala, rodeada por las parejas. El que dirigía la polca daba la señal, la orquesta empezaba a tocar y las parejas se ponían a bailar. A la segunda señal la chica del bastón lo dejaba en el suelo y las parejas debían separarse, todo esto con ligereza y al compás de la música. Los chicos debían ponerse a la derecha y las chicas a la izquierda y la chica que había dejado el bastón podía irse con el grupo de las de chicas.

A la tercera señal ambos grupos cambiaban de lado, las chicas iban al de los chicos y viceversa. A la cuarta y última señal los dos grupos se unían y cada uno tenía que buscar pareja; el que no la encontrara no tenía más remedio que quedarse con el bastón. Y siempre era aquella sencilla campesina la que se quedaba con el bastón, roja de vergüenza, mientras las parejas se reían de ella.

En la breve pausa en que los grupos cambiaban de lugar, la santa mano de mi nuevo Amigo se posó sobre mi hombro. Su santo rostro, triste, me daba a entender que se compadecía de aquella chica y que quería que ocupase su lugar. Este mensaje me sorprendió de modo indescriptible. Sentí inmediatamente el peso insoportable que supondrían la humillación, la ofensa y el ser blanco de las burlas cuando apareciera en medio de la sala con el bastón en la mano. El santo rostro de mi nuevo Amigo, sin embargo, permanecía inalterable. No puedo describir la enormidad de aquel sacrificio.

A la última señal del director los dos grupos se mezclaron, mientras el bastón quedaba en el suelo. Haciéndome violencia corrí hacia el bastón y lo cogí. Nadie me vio, pues todos estaban intentando conseguir una pareja. Cuando todos la hubieron encontrado, me encontré sola con el bastón en medio de la sala, rodeada de parejas que se reían de mí a carcajadas. No sé qué triste imagen daba, solo sé que se reían de mí y que me tocaba el papel de "bufón de palacio". La humillación fue muy grande, pero ese momento pasó también. A la señal dejé el bastón en el suelo y… no fui más al centro de la sala porque "la polca del bastón" se acabó conmigo. Y allí, en medio del baile, mi nuevo Amigo deleitaba mi alma con su dulzura. Amén.

24. La llamada a la vida religiosa

1920. Aquí comenzaron las decisiones e indecisiones sobre mi vocación. Nunca había dudado hasta entonces de lo que había decidido el día de mi primera Comunión, confirmado después por las explicaciones de mi director espiritual: siempre me había mantenido firme. Este año, sin embargo, trajo auténticas batallas espirituales, en las que no era capaz de discernir bien. No tenía a quien recurrir. Las hermanas, aquellas santas amigas que tuve durante mi infancia y juventud, ya no estaban en Jaguarão. El año 1919 fue el último en que funcionó mi querido colegio de la Inmaculada Concepción. Luchaba y luchaba, alternando firmes decisiones con momentos de debilidad en los que me echaba para atrás.

Quería muchísimo a papá y me parecía imposible tener que separarme de él. En las diversiones, paseos, etc., en que pensaba que podría distraerme de mis combates, por el contrario mi alma quedaba invadida de una repugnancia extrema. Si acudía a las fiestas era por pura conveniencia social. Papá me repetía: "Es importante no apartarse de la vida social, siempre y cuando esté bien ordenada por la moral". Mis dos hermanas no iban a las fiestas (estaban enfermas) y siempre era yo la que tenía que ir a las veladas, comidas, bailes, etc. Y en medio de estas reuniones sufría amargamente.

Más o menos en este tiempo se fundaron dos sociedades deportivas, el Club Deportivo Internacional y el Club Deportivo Cruzeiro del Sur. Fui invitada por ambos equipos para formar parte de la "hinchada", como lo llamaban. Me decidí por el "Cruzeiro del Sur". El entusiasmo que despertaban ambos clubes era una locura. Los domingos a las dos de la tarde, en la Plaza del Cuartel, jugaban ambos clubes, y era un espectáculo ver a la juventud de Jaguarão, con los colores de sus clubes respectivos, animar con una pasión casi exagerada.

La corriente me arrastró y me entusiasmé con el "Cruzeiro". Un domingo se jugó un partido importante y el campo reventaba de gente. Las chicas llevaban en el pecho el distintivo de su equipo, y el entusiasmo se desbordaba. Era como si todo mi ser se volcara en lo que sucedía en el campo, y me parecía como si por unos momentos me olvidara de mis preocupaciones. Y en el momento en que aplaudía con emoción una gran jugada de mi equipo, en medio de aquel alboroto de música, vivas y risas, aquella mano amiga tocó levemente, muy levemente, mi hombro. En un instante lo aborrecía todo y mi alma sufría ansiando "su ideal".

Y así sucedía siempre. En el momento en que parecía alegrarme, en medio de aquello, era como si la santa mano tirara abajo todo aquel placer pobre, mediocre e insípido. Así pasaron los años 20 y 21, hasta que me decidí. Sin embargo, mil dificultades venían a mi cabeza[12].

---

[12] Nota de la edición original: "El capítulo precedente fue escrito por la H. Antonia en los primeros días de las vacaciones de 1938, ya enferma, sentada en una silla, y narra la transición hacia otra fase de su vida. Un súbito agravamiento de su estado, precursor del fatal desenlace, le impidió acabar su autobiografía".
La edición inglesa añade además: "La escribió con la única intención de proporcionar a sus directores espirituales y superiores información que les pudiera facilitar la tarea de guiar su vida interior. Pocas semanas antes de morir pidió que quemaran los cuadernos con notas sobre su vida interior porque consideraba que la información que contenían ya no sería "necesaria". No obstante, su director espiritual, el padre Juan Bautista Reus, pensó que los cuadernos debían ser conservados y la historia de su vida publicada, pues lo que se contaba podía ser beneficioso para otras personas.
Cuando el P. Reus murió en 1947 dejó muchas notas sobre la vida mística de la H. María Antonia. Con la ayuda de estas notas y de la información proporcionada por aquellas hermanas que la conocieron personalmente, los PP. Jesuitas de S. Leopoldo prepararon un volumen sobre las experiencias místicas y los sufrimientos de la H. María Antonia. (La vida del P. Reus tiene interés en sí misma. Una semblanza bibliográfica puede encontrarse en *Revista Eclesiástica Brasileira*, publicada por Editora Voces Ltda. Petropolis, Rio de Janeiro, Brasil. Diciembre, 1951. El autor es el P. Fernando Baumann, S.J.)".

Apéndice. La vida de la hermana María Antonia en el convento

Por una hermana

El lector, tras haber seguido con atención las singulares narraciones de la hermana María Antonia[13], se hará la siguiente pregunta con natural curiosidad: "Las personas que vivieron con ella, sus educadores, ¿no percibieron nada de su extraordinaria vida interior, de los maravillosos privilegios que Dios le había concedido en su infancia y juventud?". De ciertas palabras y actitudes de sus directores espirituales, ya fallecidos, se deduce que conocían de cerca el trabajo de Dios en aquella alma elegida. Pero solo ellos. Parece que al resto Dios se lo quiso ocultar todo.

El mayor João Ludgero de Aguiar Cony y su esposa Doña Antonia Aguiar Cony veían con gran satisfacción la ejemplar conducta de su hija y su progreso en los estudios. Entre sus amigas y compañeras Cecy era apreciada por su afabilidad y por su buen humor constante. Siempre se podía contar con ella para las travesuras y los juegos propios de la edad. Sin embargo, si la invitación implicaba descuidar sus obligaciones, siempre se excusaba inmediata y enérgicamente.

Tenía un amor innato por la verdadera justicia, unido a una sensibilidad y a un sentido del honor extremos. Como legítima descendiente de militares conservó durante toda su vida una

---

[13] Este capítulo, como los siguientes, fueron escritos por una hermana, compañera de la hermana Antonia. Los títulos son del editor original portugués.

169

gran delicadeza en relación a la honra. Sus profesoras coinciden en que era una alumna modelo en todos los aspectos: siempre educada, modesta, obediente, aplicada. Aparte de esto, no había nada en Cecy que atrajera la atención sobre ella, fuera, tal vez, de su recogimiento en la oración, de su encantadora ingenuidad o de sus modos sencillos y sin afectación.

Ya en el año 1913 nuestro Señor reveló a su pequeña sierva que habría de ser su esposa. Es pues de extrañar que Cecy demorase tanto su incorporación a la vida conventual. Ella no entendía todo el alcance de aquella revelación. La idea de separarse de sus padres, a quienes tanto quería, ni se le pasaba por la cabeza. Durante algún tiempo hasta llegó a pensar en casarse, viendo en ello el modo de permanecer siempre con sus queridos padres. Además, de pequeña acostumbraba a abandonarse a la dirección de su ángel de la guarda. Era este el que actuaba en medio de cualquier peligro, a fin de secundar y proteger los planes divinos para su tutelada.

Con dieciocho años Cecy terminó los estudios, y su colegio se cerró poco después. Los años siguientes los pasó con su familia, dedicándose a dar clases particulares. Años más tarde las hermanas Franciscanas reabrieron una escuela y Cecy se apresuró a colaborar con ellas.

Fue solo en 1925 cuando Cecy conoció la santísima voluntad de Dios con respecto a su vocación. No dudó más. Con la energía de su inquebrantable voluntad, aunque con un corazón roto, se despidió de sus padres y siguió la llamada del Esposo Divino.

Como postulante

En junio de 1926 Cecy entró como postulante en la Congregación de las hermanas Franciscanas en San Leopoldo[14], donde

---

[14] El nombre de la Congregación es "Hermanas Franciscanas de la Penitencia y de la Caridad Cristiana". Esta Congregación fue fundada en Holanda en 1835.

se esforzó por adaptarse al espíritu de san Francisco, lo que no le costó mucho.

Lo que le resultó más difícil fue vivir una vida tan diferente, en las formas y en las actividades, a la que había desarrollado hasta entonces en el seno de su familia. Le fue bastante arduo dominar su natural vivacidad y su fuerte genio, y no le fue tarea fácil tener paciencia con sus defectos, pero no se desanimó. Se declaró siempre dispuesta a todo por su amor al hábito franciscano, el mayor de sus ardientes deseos. Solo las superioras inmediatas tuvieron conocimiento de las maravillas que obraba en ella el Amor Divino. Los otros miembros de la familia religiosa tal vez notaron su actitud de profundo recogimiento en la oración y la simplicidad y candor de sus palabras. En los recreos era por lo general una interlocutora agradable y sabía entretener a las postulantes con oportunas bromas y sencillas anécdotas.

El día en que iba a tomar los hábitos se acercaba. Cuando se estaba probando el vestido de novia, nuestro Señor le dio a entender que todavía no estaría entre las privilegiadas que iban a recibir el hábito de san Francisco. El dolor, en un primer momento, casi la dominó, pero pronto se recuperó, y en lo profundo de su alma pronunció un humilde: *Fiat*. Refiriéndose a este suceso escribía en 1937: "En la Sagrada Comunión, con el corazón sangrando, le dije a nuestro Señor que hiciese de mí lo que quisiera, siempre que no cometiese ningún pecado voluntario y le amase cada vez más".

¿Cómo se cumpliría aquella dolorosa predicción? Poco tiempo después, Cecy recibió la noticia, abrumadora, del inesperado fallecimiento de su idolatrado padre. Era el 18 de enero de 1927. La dureza del golpe hizo flaquear sus fuerzas físicas; enfermó y tardó varios días en recuperarse. Dada la singular naturaleza del caso, surgieron serios obstáculos para su admisión. Cecy tuvo que dejar el convento.

Nuestro Señor la consoló en la Comunión, prometiéndole que un día habría de recibir el hábito franciscano. Así sucedió.

Pudo reingresar como postulante en ese mismo año 1927, en la víspera de la fiesta de la Inmaculada Concepción. Cuando se le entregó el manto de postulante su alma recibió por sorpresa la presencia sensible de Jesús, al igual que en la Sagrada Comunión, gracia de la que disfrutó de modo ininterrumpido durante varios meses.

Como novicia y hermana profesa

El 17 de febrero de 1928 fue al pie del altar para recibir el ansiado velo blanco de novicia. Como en el postulado, la vimos feliz, empleando todo su celo en la observancia de la santa regla y en la corrección de sus defectos. Y allá, en lo profundo de su alma, nuestro Señor no cesaba de atraerla fuertemente hacia la senda de la abnegación y el sacrificio.

El estado de su alma durante aquel periodo se manifiesta en la oración que acostumbraba a rezar diariamente, siguiendo el consejo de su director espiritual: "Jesús mío, no permitas que jamás me muestre desagradecida por tantas finuras de amor con las que me has ligado a ti y obligado a amarte. Me ofrezco a ti para ser privada de todo consuelo espiritual y recibir todas las cruces que quieras enviarme. Dispón de mí según tu Voluntad. Deseo y espero ser toda tuya. Jesús mío, a ti solo quiero, a ti y nada más".

Esta oración se correspondía con las palabras que escuchó de su Divino Esposo: "Debes ser víctima de confusiones y contradicciones de toda especie, en reparación por la oposición que encuentra mi Iglesia. La generosidad de una pequeña alma, ignorante de las cosas divinas, cuya vida será una red de contradicciones, aplacará mi Justicia[15].

El 14 de febrero de 1930, día en que la hermana María Antonia profesó sus votos temporales, nuestro Señor le mencionó de

---

[15] Cecy no era ignorante en las verdades de la religión, pero sí lo era en la teoría de la mística.

nuevo los sufrimientos futuros. Estos vinieron durante ese mismo año. Las que vivían con ella conocieron la extraña enfermedad que la afectó y su repentina curación. Nadie, sin embargo, buscó una explicación en una prueba mística. Ni siquiera la misma víctima lo entendió. Citamos ahora algunas líneas que la hermana María Antonia escribió más tarde, por razón de obediencia:

Nuestro Señor ya no venía en la Sagrada Comunión[16], de ahí las dudas crueles que surgieron en mi alma: pensaba que nuestro Señor estaba disgustado conmigo. Notaba la presencia de mi nuevo Amigo, es cierto, pero hasta él se mostraba como impasible, indiferente a las batallas que libraba en mi interior. Después vino la desoladora tristeza que tanto me hizo sufrir. Sentía un inmenso vacío en mi alma: la falta, la ausencia de mi Dios.

El 24 de febrero de 1933, la hermana María Antonia llevó a cabo el deseo más ardiente de su corazón amante: se consagró irrevocablemente a su Divino Esposo por los votos perpetuos de pobreza, castidad y obediencia. Con dedicación completa y espíritu de sacrificio retomó su trabajo como profesora en el colegio de San José en San Leopoldo. Entendía admirablemente a sus pequeñitas, y estas a su vez rodeaban de cariñosa veneración a su amable profesora.

Víctima del Divino Amor

Su Divino Esposo se manifestó enseguida una vez más, pidiendo nuevos sacrificios. Después de haber obtenido el permiso de la Rvda. Madre Provincial, se declaró dispuesta a todo lo

---

16 Así se expresaba la hermana María Antonia cuando no sentía la presencia de nuestro Señor en la Sagrada Comunión.

que Jesús se dignase a pedirle, añadiendo, no obstante, la petición de que estas pruebas no perjudicaran el cumplimiento de las obligaciones relacionadas con el cargo que desempeñaba por razón de la santa obediencia.

Su oblación fue aceptada por nuestro Señor, que le dijo: "Mi pequeña esposa, reservo duras pruebas para ti. El combate será grande. Dame almas y tu debilidad me glorificará". La bienaventurada Virgen María quiso asegurarle que gozaría de su auxilio y protección antes de irrumpir la tempestad del desamparo interior. El 29 de septiembre de 1935, cuando la hermana María Antonia dirigía insistentes oraciones a la Madre del Cielo en favor las almas, su Madre Santísima no dudó en ofrecerle un consuelo maternal. Llena de preocupación, animó a la hermana María Antonia en sus sacrificios, diciéndole entre otras cosas: "Soy la Mediadora de todas las gracias…; Dios acepta los santos deseos como si fueran realidades".

La prueba no tardó en llegar. Sufrimientos místicos de cuerpo y alma, indescriptiblemente dolorosos, la asediaron sin piedad. Sufrimientos de los que san Juan de la Cruz decía que eran la víspera de la gran fiesta. Durante algún tiempo consiguió ocultarlos, pero no pasó mucho tiempo sin que trascendieran al exterior. Se le veía ya como avasallada por la angustia, ya aterrada por el dolor; ya afligida y desasosegada, ya sensible, agitada y hasta irascible: un enigma para las hermanas que se le acercaban.

Uno de los padecimientos más dolorosos era el peso de todos los pecados del mundo. Sentía el peso de estos pecados en su alma como si los hubiese cometido ella misma, lo que la sumía a un abismo de tristeza[17]. Es cierto que de vez en cuando grandes consuelos abrían claros por unas horas, o quizá días, en medio de la estremecedora oscuridad de la amargura y el tormento. El

---

[17] ¿Será que se acordó en aquella ocasión de la oración que dirigió un viernes de 1908 a Jesús moribundo, pidiéndole que se llevara los pecados de los hombres y los escondiese en ella?

domingo de Pascua de 1936 fue un día de gran paz. Tras reque-
rirlo, recibió permiso del director espiritual para obligarse, bajo
pena de una penitencia en caso de infracción voluntaria, a cumplir la santísima Voluntad de Dios en todas las acciones de su
vida, incluso en las más pequeñas. La fórmula de esta promesa
fue encontrada entre sus escritos después de su muerte. Es la
siguiente:

Dios mío, hoy, día de tu gloriosa Resurrección, en este santo
momento Eucarístico en que tú, gran Dios en toda tu gloria,
bajas hasta mí, uniéndote tan íntimamente conmigo; yo, tu
pequeña criatura, quiero presentarte mi mayor deseo. Ya que
en la pequeña Hostia blanca que he recibido en este momento, te recibo a ti, Dios mío, en tu presencia y en la de tu santa
Madre, de mi ángel de la guarda, de mi santo padre san
Francisco, de mis santos patrones san Antonio y santa Cres-
cencia, del padre Eberschweiler y de toda la corte celestial, te
ofrezco mi sagrado voto:
Dios mío, te prometo vivir, hasta el último momento de mi
vida, cumpliendo tu santísima Voluntad, incluso en las acciones más pequeñas. Acepta esta oblación que hago, oh
Dios, de las manos purísimas de tu santísima Madre, como
prueba de mi gran amor y deseo de agradarte. Señor, desde
ahora concédeme la gracia de repetir incesantemente con el
santo Apóstol: "No soy yo el que vivo, sino es Cristo quien
vive en mí", pues sea la santísima Voluntad de Dios la que
esté actuando en su miserable criatura. Amén.

Los esponsales místicos

Después de la Sagrada Comunión fue arrebatada. Escribió:

Nuestro Señor me cogió de la mano derecha y colocó un anillo en mi dedo anular. Entonces puso en el centro un diaman-

te que refulgía como lo rayos del sol: era el Amor al Santísimo Sacramento. A la izquierda de este puso otro diamante igual, era el Amor a la Santa Cruz. A la derecha del diamante central puso otro: era el Amor a la santísima Voluntad de Dios. Entonces nuestro Señor dijo: "Mi pequeña esposa, te confío esta Alianza. Debes guardarla bien". Esto fue todo. Exulté. No puedo expresar cuánto amaba aquellos tres diamantes: el símbolo de mis esponsales con mi Dios.

Nos interesa lo siguiente, que demuestra la absoluta ignorancia de la hermana María Antonia en asuntos místicos. Cuando nuestro Señor le aconsejó guardar bien el anillo, ella pensó para sí: "He de dárselo a la Rvda. Madre Laeta para que me lo guarde".

Cuando volvió en sí, se asustó porque no lo veía: ni en su dedo, ni en la cartera, ni en el bolso, ni en el suelo, donde lo buscó con ansiedad. Como tenía que atender a sus obligaciones con sus alumnas, solo le fue posible pedir una aclaración unas horas después. Lo hizo con lágrimas en los ojos, pensando que había perdido lo que Jesús le había confiado con tanto cariño. Al entender que el anillo no era algo material y que ese día iba a suponer una gran fiesta para ella, exclamó: "¿Gran fiesta? ¡Un gran susto es lo que ha sido!". Se secaron sus lágrimas. Durante todo aquel día y todo el lunes de Pascua nuestro Señor le concedió el privilegio de percibir sensiblemente su divina presencia.

Estos periodos de tranquilidad eran raros y servían de preparación para los dolores más terribles. Nuestro Señor se dignó a escoger su sierva para compartir los sufrimientos de su Pasión y Muerte en la Cruz. Los sufrimientos de la hermana María Antonia servían ya como reparación por las persecuciones contra su santa Iglesia, ya como expiación por los ultrajes que Jesús sufre continuamente en la Santísima Eucaristía. Contribuirían a la salvación de los niños y de los soldados, y a la santidad del clero y los religiosos.

El infierno trabó un reñido combate con ella, intentando que dijera un "¡No quiero sufrir más!". Sin embargo, la jaculatoria: "Jesús mío, aún te amo", fue su continua promesa de fidelidad. Fue la suya una oración eficaz en favor de las almas en peligro, su grito de victoria contra los poderes infernales.

Misión cumplida

Hacia finales de 1938 la hermana María Antonia enfermó gravemente. Supo por nuestro Señor que su misión estaba a punto de completarse. Sus combates interiores se acabaron. Llevó con paciencia edificante los crueles dolores y miserias de su enfermedad. Un año antes había renunciado voluntariamente a la "gran fiesta" de su última hora en la tierra, cuando sería llenada de alegría celestial por la presencia de Jesús, María, su ángel de la guarda y sus santos patrones. Había renunciado a todo esto, ofreciendo este sacrificio en holocausto por una intención especial.

Era el 22 de abril de 1939, víspera del "Día de las vocaciones sacerdotales". Los fieles de toda la archidiócesis de Porto Alegre rivalizaban entre sí, intentando ser los que más contribuían a esta noble y bendita causa: por ella ofrecían sus plegarias, sacrificios y donaciones. Parecía que había llegado la última hora de nuestra querida enferma. En el colegio, las hermanas encargadas de preparar la fiesta que se iba a celebrar a beneficio de la Sociedad para las vocaciones sacerdotales, estaban hundidas a causa de la tristeza. ¿Quién no se sentiría triste en un ambiente festivo, sabiendo que una de sus hermanas estaba en agonía?

Se estaban realizando los últimos preparativos. Se había invitado a los padres de las alumnas. Entonces una de las hermanas recordó que la enferma se había distinguido siempre por su espíritu de obediencia. Mandó decir a la enferma: "hermana Antonia, todavía no puede volar para el Cielo. ¿Cómo vamos a terminar de preparar la fiesta por las vocaciones sabiendo que está en agonía?".

La hermanita comprendió la angustia que había detrás de aquella petición. Fue capaz de responder con amabilidad: "Puedo esperar hasta el lunes", y fue lo que ocurrió. Entonces cesó su agonía. Magnánima, ofreció los sufrimientos del día siguiente por las intenciones más importantes de la archidiócesis. Solo después partió su alma. Su muerte, en la noche del 24 de abril, fue serena, sí, pero envuelta en duro padecimiento, de suerte que, a imagen de su Esposo crucificado, bebió hasta la última gota del cáliz del más amargo dolor.

Los restantes miembros de su familia lamentaron profundamente su prematuro fallecimiento, sus alumnas y tuteladas, por las que se desvelaba, lo lloraron y sus hermanas de Congregación sintieron mucho su pérdida. Las alumnas se apresuraron a escribir cariñosas notas con peticiones y recomendaciones, que colocaron junto al cadáver al que se iba a dar sepultura.

Día 25 de abril. En torno a la tumba abierta de las hermanas Franciscanas de San Leopoldo se pueden ver los rostros serios y afligidos de las hermanas y alumnas. El ataúd, todo blanco, desciende suavemente por la sepultura. Las alumnas pequeñas, llorando, lanzan flores sobre el ataúd. Son demostraciones infantiles de veneración y gratitud. "Semilla preciosa, confiada a la tierra para la resurrección". Es así como el capellán del Colegio de San José, P. Leonardo Muller S.J., se refirió a los restos mortales de la hermana María Antonia, sobre los que caen ahora paladas de tierra. Poco después la mano del sacerdote planta la cruz en la tierra fresca, el símbolo de la victoria del Redentor. Por el amor a nuestro Señor en la Cruz, Cecy triunfó sobre el pecado. El amor a Jesús crucificado la llevó también al generoso cumplimiento de su misión como alma-víctima.

Promesa al Ángel de la guarda

SANTO, SANTO, SANTO
SEÑOR DEL UNIVERSO
EL CIELO Y LA TIERRA
PROCLAMAN TU GLORIA

De rodillas ante tu Majestad
te agradecemos, oh Dios,
el haber colocado a nuestro
lado
un compañero celestial
que nos conduce según
tu Voluntad,
nos lleva a honrarte
y nos muestra
tu amor.
Prometemos aquí
en tu presencia
amar a este compañero nuestro
como a nuestro hermano
y obedecerle cuando nos hable
en nuestra conciencia.
Él nos conducirá con seguridad
a la Patria celestial.

Señor Jesucristo,
Salvador nuestro,
toma mi mano
y colócala en la mano de mi
ángel,
trazando sobre ellas
la señal de la Redención,
como bendición
para nuestra salvación.

EN EL NOMBRE DEL PADRE
Y DEL HIJO
Y DEL ESPÍRITU SANTO.
AMÉN

Otros libros de interés

"¡¡Sáquennos de aquí!!"
Prólogo de María Vallejo-Nágera
María Simma con Nicky Eltz

Como dice en el prólogo María Vallejo-Nágera, autora de *Entre el cielo y la tierra. Historias curiosas sobre el purgatorio:* "No se puede ni imaginar el pedazo de gema cuasi-periodística que tiene en este momento entre las manos, querido lector. Si lo supiera se saltaría mi prólogo de sopetón, pues nada de lo que yo pueda adelantarle puede reflejar la aventura espiritual y el descubrimiento sobrenatural que le espera entre las líneas de este magnífico ensayo sobre la realidad de la existencia del purgatorio".

Mi posesión
Cómo fui liberado de 27 legiones de demonios
Francesco Vaiasuso

A los cuatro años de edad algo terrible le ocurrió a Francesco. Desde ese momento comenzó a sufrir numerosas patologías que no tenían una causa clara, pero que condicionaron penosamente su vida. Muchos años más tarde, ya casado, el encuentro con un sacerdote exorcista le hizo consciente del origen maligno de todos sus males; ese sería el inicio de una lucha sin cuartel contra las fuerzas de la oscuridad hasta llegar a su liberación completa. Un testimonio apasionante de posesión diabólica, pero sobre todo la lucha de un hombre y su familia para ver la voluntad de Dios detrás de sus sufrimientos.

La devoción al Sagrado Corazón de Jesús
P. Jean Croiset
Director espiritual de Sta. Margarita María de Alacoque

Por fin en castellano una versión actualizada de este clásico del siglo XVII que hasta ahora solo podía conseguirse como facsímil. Más de tres siglos después, se pone a disposición de todos los lectores una obra clave para comprender la importancia y la centralidad del Sagrado Corazón de Jesús en la vida interior de los cristiano. Fue escrito por el sacerdote jesuita Jean Croiset, director espiritual de santa Margarita María de Alacoque (1657-1690).

El manuscrito del purgatorio
Sor María de la Cruz

Este manuscrito son los apuntes tomados por sor María de la Cruz, que entabló durante muchos años misteriosas conversaciones con la que había sido su hermana en vida. En sus páginas encontraremos un testimonio sobre la realidad del purgatorio, sobre el momento de la muerte y el juicio. Pero es sobre todo una auténtica guía para alcanzar la santidad y tener vida interior de alguien que contempla la vida terrena ya desde la eternidad. Nos invita a todos a comprender mejor el gran amor que nos tiene Dios y la gran cantidad de gracias que derrama sobre nosotros.

Nuestra Señora de Kibeho
Immaculée Ilibagiza
Prólogo de María Vallejo-Nágera

La fama de Kibeho, en Ruanda, crece poco a poco; hasta este remoto pueblo africano llegan cada vez más peregrinos de todo el mundo para honrar a la Madre del Verbo, que es como se dio a conocer la Virgen en las apariciones que tuvieron lugar en la década de los 80. Tras varios años de estudio por las autoridades eclesiásticas, la Iglesia católica reconoció oficialmente que Nuestra Señora nos visitó realmente en este lugar, las primeras de toda África. La afamada escritora Immaculée Ilibagiza nos cuenta de primera mano una historia maravillosa, y en ocasiones dura, que llegará a conmover profundamente el corazón de los lectores.

El chico que hablaba con *Jesús*
Immaculée Ilibagiza

Una gran historia nunca contada antes: la de un chico que hablaba con Jesús, y que se atrevía a hacerle las preguntas más inocentes, a la vez que le cuestionaba sobre los temas que más han preocupado a la humanidad desde los orígenes del tiempo. Su nombre era Segatashya. Era un pastor, analfabeto, que provenía de una familia pagana de una de las zonas más remotas de Ruanda. Nunca fue al colegio, ni tuvo una Biblia en sus manos ni pisó una iglesia… pero sus palabras nos llenarán de alegría y calor, y prepararán nuestro corazón para esta vida y para la futura que no tendrá fin.

Las realidades del más allá
María Soto Noguero

Este libro es una guía fiable basada en las Sagradas Escrituras, la Tradición, los escritos de los Santos Padres y el Magisterio de la Iglesia. Se centra en proporcionar respuestas claras y verificables a preguntas que han sido malinterpretadas o descuidadas en el pasado. Esta obra ofrece una oportunidad única para aclarar dudas y profundizar en el conocimiento de las realidades eternas de manera accesible y confiable, enriqueciendo así la comprensión espiritual y existencial de sus lectores.

Buena noticia sobre el sexo y el matrimonio
Christopher West

Este libro, realizado en forma de preguntas y respuestas, explica los porqués que se encuentran detrás de la doctrina de la Iglesia, mostrando la profunda belleza del designio original de Dios al crearnos varón y mujer. A lo largo de sus capítulos se responden, con total sinceridad, los principales temas y objeciones relacionados con la conducta sexual y el matrimonio planteados al autor en numerosos encuentros y conferencias. Fue san Juan Pablo II quien volvió a pensar y a presentar la doctrina de la Iglesia sobre el sexo y el matrimonio de una forma muy profunda, original y revolucionaria.

Vengo a prepararos
Damián Sánchez

Este libro realiza un descubrimiento sereno y desapasionado de lo que la Iglesia y la Sagrada Escritura llaman los "últimos tiempos". Este libro nos descubre, a la luz de la Biblia, los mensajes que da la Santísima Virgen en sus apariciones para nuestra época. Pasado ya el tiempo de los profetas del Antiguo Testamento que nos anunciaban la llegada del Mesías tan esperado, la Santísima Virgen es el nuevo profeta para nuestro tiempo que nos avisa de lo que está por acontecer. Es decir, la escatología anunciada en las Sagradas Escrituras.

Jesucristo según Kempis
Comentario a "Imitación de Cristo" de Tomás de Kempis
Domingo Barbero de la Blanca

Este libro es una reflexión profunda y personal sobre cómo "Imitación de Cristo" de Tomás de Kempis ha transformado la vida del autor a lo largo de más de 53 años. No es un estudio académico, sino un testimonio íntimo que conecta la obra de Kempis con experiencias vitales y aspectos de la vida de la Iglesia. El autor invita a los lectores a sumergirse en la imitación de Cristo, presentando este camino como una llamada universal a seguir a Jesús. La obra puede atraer a aquellos interesados en la espiritualidad, la transformación personal y la comprensión más profunda de la fe cristiana.